顾爷 · 著

Becoming
Vincent

成为梵高

北京联合出版公司
Beijing United Publishing Co.,Ltd.

图书在版编目（CIP）数据

成为梵高 / 顾爷著 .—北京：北京联合出版公司，2021.3
ISBN 978-7-5596-4941-6

Ⅰ．①成… Ⅱ．①顾… Ⅲ．①梵高－传记 Ⅳ.
① K835.635.72

中国版本图书馆 CIP 数据核字（2021）第 011668 号

成为梵高
作　者：顾　爷
出 品 人：赵红仕
责任编辑：李　伟

北京联合出版公司出版
（北京市西城区德外大街 83 号楼 9 层　100088）
天津丰富彩艺印刷有限公司印刷　新华书店经销
字数 225 千字　880 毫米 ×1230 毫米　1/32　12.75 印张
2021 年 3 月第 1 版　2021 年 3 月第 1 次印刷
ISBN 978-7-5596-4941-6
定价：68.00 元

前　言

写它干吗

　　为什么要写这本书？

　　这是我每次出新书时都会被问到的一个问题，有想要和我随便聊聊的读者，有不知所措的签售会的女主持人，以及只是为了拿车马费但实在不知道该问些什么的媒体记者，他们都问过。

　　这似乎是一个理所当然的问题。毕竟没人会在还没想好的状态下，就打开文档开始写一本书吧？或许大家真正想知道的是：我为什么要把时间花在写一本书上，而不是躺在沙发上玩手机，出去和老同学喝两杯，或是站在翻斗乐门口看管自己小孩的鞋子……干吗不把时间花在这些"正常人"都会做的事情上呢？

　　我不知道其他作者都是怎么回答这个问题的，但实话实说，我还真的没想过这个问题的答案。因此每当我遇到这个问题，总会回答得……过于实事求是（我的编辑是这么评价的）。

"呃……因为发在网上发觉有人喜欢，所以就结集出册了。"

"那您当初是怎么想到把这些内容发在网上的呢？"

"想红。"

……

这样的回答带来的反馈可想而知，通常是尴尬的笑声加情不自禁的白眼。几次三番下来（经历了出版社的编辑和书店的工作人员的一再批评指正之后），我开始认真思考这个问题——一个冠冕堂皇的创作初衷，真的很重要吗？

好像是的。

如果乔布斯告诉你，他制造苹果电脑只是为了多挣几个钱，马云说他创办阿里巴巴只是为了在市区买套三室两厅的房子……这显然就太让人失望了。重要的并不是你的初衷究竟是什么，而是你的初衷能不能让别人鼓掌。于是，你会发现，硅谷的创业精英们几乎都是为了"创造更美好的世界"，才"一不小心"变得腰缠万贯的；参加总统选举的政客也没有一个会说自己是为了争夺权力才来参选的。

权力、金钱、名声、地位……这些都应该是你做一件事情的附属品，绝不可以是最终目的，否则，就会显得特别"不高级"。

你总得有个高级的初衷吧，如果实在找不到，那至少也得有一个别人听不懂的初衷。

我看过一个作家的专访，她当时写了一本"性侵题材"的小说，在专访中她多次提到"叩问"这个词，说她写这本书的初衷就是为了"叩问读者，叩问社会，叩问灵魂"……为此我还特地去"叩问"了下《辞海》，搞得自己就像个文盲。

归根结底，叫人鼓掌的初衷其实就是制造一种"居高临下"的感觉。就像艺术家只会告诉你他创作某件作品时受到大自然什么样的启发，而绝不会告诉你他最近打牌输了一大笔钱，急需卖掉一幅作品回血。

在阐述自己的创作初衷时，你不能像一个正常人——因为把时间花在创作上，本就是一件"不正常"的事情。

我发觉自己最大的问题在于，从来没想过我的创作能为别人带来些什么，或者说，我从没思考过自己究竟想要将什么传达给别人。这或许是缺乏自信的表现，也可能是对自我吹嘘的反感……总之，我并不觉得一本半虚构的小说最终能"叩问"到任何东西。

但话又说回来，作为一个作者，如果你的创作初衷从来不考虑"别人"，确实会让人觉得你这个人很自私，是个以自我为中心的自恋狂。

内心无比矛盾。所幸，这个问题我总算在去年想通了。

在我上一本书的签售会上，我遇到了一位德高望重的记者（因为她进休息室时，其他记者都向她鞠了一躬）。她问我下一本书打算写什么，我告诉她正在写一本关于梵高的书。她顿时表现得非常惊讶，说市面上已经有那么多关于梵高的书了，为什么还要写？

不得不承认，这又是一个我意料之外的问题。

但我这个人有时候就喜欢强词夺理。

我反问她："市面上那么多梵高，有哪本是您看完的呢？"

她想了想说："那倒还真没有。"（可能也是想给我个台阶下吧。）

于是我脱口而出："我想写的，是一本别人能看完的梵高。"

说完这话，顿时觉得自己开窍了。仿佛瞬间摇身一变成了个政客——喊出竞选口号和兑现承诺，其实完全可以是两回事啊。"别人"究竟能不能看完这本书，我不知道，但至少我从一开始是朝着这个方向努力的。

然而，写一本能让人看完的书，并不是一件容易的事。当然我并不奢望那些除了中学语文课本外没看完过任何书的人来看我这本书。我只希望那些依旧将看书这项古老的娱乐活动视为一种享受的人，在翻开这本书后不要立刻丢掉，那样我就已经心满意足了。

按照我的个人经验，驱使一个人看完一本书的最大动力，往往是一个充满悬念的故事。而悬念，恰恰又是我这个故事所缺少的——梵高故事的结局，几乎人人都知道。

大半个世纪以前，在欧文·斯通出版《渴望生活》前，文森特·梵高不过是个在艺术圈内才有知名度的名字，而这本书却让无数"圈外人"了解到了这个苦命画家的悲惨故事。从那之后，一提到梵高的名字，就会让人联想到"穷困""生不逢时""疯狂""自杀"等词。

其实我很能理解那位老记者的惊讶——一个已经形成既有印象的人物，还写他干吗呢？

这个问题其实并不难回答。世界上有许多"已知结局"的经典故事——我们知道大侦探福尔摩斯终究会抓住凶手，超级英雄到头来一定会战胜坏蛋，而我们依然读起来津津有味，因为真正给我们带来快感的，是福尔摩斯的推理过程以及超级英雄的蜕变过程。如果只是为了找到凶手或看坏蛋被绳之以法，何不去看《案件聚焦》。

同样，在梵高的故事中，我们都知道他最终会死，甚至比法医还清楚是什么导致了他的死亡。但相比他的结局，真正精彩的反而是他活着时发生的故事。

我并没有打算颠覆大部分人对梵高的既有印象。他毕竟是一个真实存在过的人，毫无根据的杜撰，只会让人觉得莫名其妙（毕竟我不是在写游戏脚本，不可能将他塑造成一个会搓大招的剑客）。

而真实的梵高究竟是个什么样的人呢？

对于一个生活在 21 世纪的中国人来说，我自然不可能百分之百正确无误地还原一个 19 世纪的荷兰画家。事实上，他即使是个 21 世纪的中国画家，我也没有百分之百还原的把握。

我能做的，只是尽可能全面地搜集关于他的一切，包括历史、传说、信件、绘画……像是在拼一幅巨型的拼图。然后将这些真实的"碎片"用想象和推理串起来，整个过程有点像是在回忆一段别人的亲身经历。（听起来是不是特别玄乎？）

其实每个人的回忆都是由"碎片"组成的。假设让你回忆自己的学生时代，你想起的不会是一个"大事年表"，而可能是教室天花板上的电风扇发出的嗡嗡声，生锈的窗框上剥落的油漆，以及数学老师抱着一沓卷子走进教室说"突击测验"时的心跳加速……回忆就是由这些"碎片"组成的，将这些"碎片"串起来，就成了故事。

所幸，文森特·梵高是个特别啰唆的人——他生前几乎将所有与他有关的"记忆碎片"都用书信的形式记录了下来。而我所做的，就是将它们穿起来罢了。

……

最后，让我们把开头的问题重新问一遍。

我为什么要写这本书？

因为我觉得，将已知现实中的记忆碎片用自己的想象串起来，是一件很有趣的事情，它能帮你从另一个角度审视一个人，一个我们本以为已经非常熟悉的人。整个过程，或许会给你带来意想不到的启发。

　　……

　　这个初衷，听起来够高级的吧？

目 录

1　一只名叫雨果·范德高斯的蜘蛛　/001

2　一只破皮箱　/009

3　噢！我的烟斗！　/026

4　吃土豆的人　/037

5　白衣少女　/054

6　囚　鸟　/060

7　疯　子　/074

8　蒙马特公墓　/088

9　自　杀　/097

10　只会抄袭的垃圾　/105

11　杰　作　/118

12　受精卵　/127

13　南方的阳光　/141

14　开了一枪　/148

15　午夜咖啡馆　/165

16　阿尔勒美女　/180

17　黄房子　/204

18　保罗·高更的点子　/210

19　你都经历了什么？　/221

20　大碗岛奇迹　/227

21　二　号　/244

22　缪斯女神　/255

23　瑞　秋　/267

24　小巷印象派　/276

25　一类人　/288

26　我们都爱着同一个女人　/295

27　巨型屁股　/322

28　左轮手枪　/339

29　大人间的对话　/352

30　小文森特　/361

31　向日葵　/369

32　杏　花　/375

　　尾　声　/385

　　后　语　/591

1

一只名叫雨果·范德高斯的蜘蛛

灵感女神缪斯，是每个艺术家一生的追求。

文森特一直是这么认为的……

他现在正躺在拉乌旅馆 7 平方米的房间里，盯着墙角的一张蜘蛛网。

这张蜘蛛网的主人（或者叫主蜘蛛）是一只名叫雨果·范德高斯的灰褐色长腿蜘蛛，这种小蜘蛛在法国乡下很常见，身体只有半个指甲盖那么大。

雨果·范德高斯——这个名字是文森特给它取的，显然没有经过它本人的同意，反正就算它不喜欢也说不出来。

为什么要给一只蜘蛛取名字？文森特只是觉得，既然要在同一个屋檐下过日子，那至少应该知道彼此的名字。

……

两个月前,文森特住进拉乌旅馆。这里一共才两间客房,说白了就是个包食宿的农家乐。不过它的地理位置确实不错,就在奥威尔通往蓬图瓦兹的主干道上,街对面就是市政厅。

旅馆的老板叫亚瑟·拉乌,是个40多岁的农民,长得就像一个会说话的土豆,总是穿着一件不合身的上衣,扣子好像随时会被他的肚子绷飞。因此,文森特几乎从不站在他的正面和他对话。

土豆老板说,这里的房钱是7法郎一天,包三餐。

文森特不是一个喜欢讨价还价的人,但他相信注重细节是一个画家必须具备的品质,因此向老板提出,要看接下来一个月每日三餐的食谱,最好可以精确到克。

老板说他是在租房子,又不是在核算成本,如果嫌贵的话可以一天付3.5法郎,但是每天只供应一餐。

文森特认为既然价格减半,不应该只供应一餐,而应该把每顿饭的量减半,比如把一个土豆、两根香肠换成半个土豆、一根香肠什么的,反正他的胃口也不大。

最后他俩达成了共识,依然是3.5法郎一天,供应早餐和晚餐。

······

文森特住进来的第一天,就看到了墙角的那张蜘蛛网。

"3.5法郎的房间,你还能指望什么呢?"他这样对自己说着，随手用油画笔杆把那张蜘蛛网戳掉了。

第二天一早他就背着画具出门写生去了，一直到天黑才回来，一进门就发现那张蜘蛛网又挂上了。

"织网比我画画还快？！"文森特心想。

他画画的速度是出了名的快，用起力来一天就能完成一幅油画。提奥常说这是只有疯子才能达到的速度……不过自从他第一次犯疯病以来，提奥就再也没这样说过。

也许，这只蜘蛛也是个疯子吧？

于是，它便得到了这个名字——雨果·范德高斯，这是一个中世纪荷兰画家的名字，也是文森特最喜欢的画家之一。他甚至自称为"当代范德高斯"，因为他觉得自己跟范德高斯很像，才华横溢却不为人知，最重要的是，他俩都是疯子。

从那以后，每晚熄灯前，文森特都会躺在床上盯着这张蜘蛛网看一会儿。范德高斯先生几乎拥有最佳室友所应该具备的一切优点：话不多，不会把房间弄得一团糟，当文森特心烦的时候还愿意倾听他的心事。虽然范德高斯先生是只虫子，但毕竟每天回家时都有一只虫子在等他，总比什么都没有要强。

在拉乌旅馆生活的两个月来，文森特几乎每天都会外出写生。回来后，他会把还没干透的油画搁在范德高斯先生的"宅邸"下面，然后点起一支烟斗，躺在床上看看今天的成果。偶尔还会询问一下范德高斯先生的意见。评论画家的作品是这个世界上最不讨好的事情，说"画得好"是在敷衍，说"画得不好"就是在胡说八道。就这一点来看，范德高斯先生的确是一只情商很高的蜘蛛——沉默，向来是种高级的反馈。

……

今天和往常有些不一样。

那张蜘蛛网孤零零地挂在天花板上，范德高斯先生却不在家。

"它不会是掉下来了吧？"文森特心想。

他顺着墙壁往下看，看到了自己前天搁在墙角的那幅画，画中是一个身穿白裙的少女，戴着草帽，背景是一片麦田……麦田的油彩涂得特别厚，放了两天都还没干。

如果范德高斯先生掉到这片"麦田"里……那可真的挂了！

文森特想起身去看看，但胸口的一阵剧痛又把他拉回了床上。

他根本起不来，因为他胸口有一个将近 1 厘米的血洞。

准确地说，那是一处枪伤。

……

这时候楼下传来一个男人的声音：

"我的天！你终于来了！"

文森特能听出那是土豆老板在说话。

"真是吓死我了！我的天！我正准备打烊，就看到他坐在门口的地上！喏，就是那扇窗子下面。我的天！吓死我了！我蹲下来问他哪里不舒服，他说什么……什么被一颗扣子绷到了。我他妈以为他喝醉了，接着就看到他胸口那个枪伤。我的天！我从小跟着爷爷打猎，一眼就能看出这是枪伤，根本不是什么扣子！"

"医生怎么说？"

是另一个男人的声音。

"他说如果能熬过今晚，就还有希望。"

"我上去看看。"

……

一阵上楼的脚步声，那人并没有马上进来，文森特可以感觉到他站在门口深深地呼了口气。

门开了，一个高瘦的男人站在门口，他衣着讲究，戴着一顶讲究的礼帽，打着一个讲究的领结。

那是文森特的弟弟——提奥。

他的表情沉稳，但面容有些憔悴。

文森特躺在床上，咧开嘴对着提奥送出微笑，仿佛一只闯了祸的小狗。

提奥依然站在门口，一脸无奈地望着文森特，就像望着一只闯了祸的小狗。

"范德高斯先生这次真的挂了。"

文森特先开口了，他的声音轻得连自己都吓了一跳。提奥显然不知道他在说什么，似乎也并不感兴趣，只是皱了皱眉头，转身关上了门……差点夹到土豆老板的鼻子。

"能帮我点支烟吗？"文森特说。

提奥没有接话，一言不发地走到洗脸台前，拿起台上的烟草袋开始往烟斗里填烟草。可他手抖得厉害，撒了不少到地上。

"刺啦——"他接着划亮了一根火柴，但没点燃。

又划亮了一根，这次点燃了。他对着墙壁吸了几下，吐了一口长长的白烟，转身走到床边将烟斗递给文森特，顺势用手掌擦了擦眼角，仿佛是在点烟斗时被熏到了。文森特接过烟斗深深地吸了两口，7平方米的房间顿时烟雾缭绕。

"怎么会弄成这样？"

提奥终于开口了，像是在问室内设计师为什么要在自己卧室的墙上凿个洞。

他挥散面前的烟雾，又问了一遍："到底怎么回事？"

文森特又吸了一口，指着墙角说：

"和范德高斯先生一样……"

"我……死在了那片麦田里。"

提奥顺着文森特指的方向，看到墙角的那幅画——麦田中的白衣少女。

《白衣少女》（*Girl in White*），1890

亲爱的提奥：

　　不要因为我的突然到来而生我的气，我已经反复考虑了很久，我想同你谈谈。

　　你等着瞧吧，我们会把所有问题都搞定的。

　　在想象中同你握手。

你永远的

文森特

1886.3.1

2

一只破皮箱

全世界也只有文森特能写出这种莫名其妙的信，看起来就像是小学生在课堂上传的字条。

"反复考虑了很久……"

提奥将这句话反复读了好几遍，好像这样就能参透其中隐藏的奥秘似的。

"反复考虑了很久？"

这种句子显然是用来掩饰"一时冲动"的。

提奥皱了皱眉头。他不是不想见到文森特，但既然要来巴黎，至少得告诉他打算什么时候来，来多久吧。如果提奥要出远门，恨不得提前一年半就开始安排行程，最好一下马车就能直接踏进火车车厢，一下火车就能踏上驶往旅馆的马车。

提奥就是这么一个精确的人，同胞兄弟的性格怎么会相差那么大？

这时，传来一阵急促的砸门声……他看了看表，下午6点15分，似乎已经猜到了是谁在砸门。他穿过狭长的走廊，凑在猫眼上看了看——走廊上黑咕隆咚的，一个人都没有。打开门，一只破皮箱孤零零地待在走廊上。

提奥叹了口气，嘴里嘟囔着："嘿！文森特！"

同时，一个高大的身影从门后扭了出来……

"没！想！到！吧！"

文森特就像个喜剧演员一样闪亮登场——他穿着一身褪了色的蓝色西装，衬衫扣子敞开到胸口。一头红色的头发油得发亮，看起来好像已经100年没洗过了。

提奥看看他，又看了看手中的信，就像捏着神灯的阿拉丁。

"该死！"文森特看到了提奥手上的信，"我还想在你收到信前给你个惊喜的。"他用手掌拍了拍自己的脑门，"上午来的时候你不在家，是去上班了吗？我想也是……干等着也没用，就干脆去卢浮宫转了一圈。"

他边说边往屋子里挤，走到一半忽然停了下来。"你现在方便吗？"他故意压低声音，仿佛突然想起自己没有提前预约。

"屋里没人，进来吧。"提奥被文森特蹭了一身烟味，正在闻自己的袖子。

"看看你……"文森特啧啧叹道,把他从头到脚打量了一遍,"嘿!麻烦帮我把门口的手提箱拿进来……"他指了指门口那只破箱子,"谢谢!"随后拍了拍提奥的肩膀,转身大踏步朝屋里走去。

提奥拎起那只皮箱,它比看上去轻得多,拎起来直晃荡。他跟在文森特身后穿过走廊,见文森特正叉着腰站在客厅东张西望。

"我的天,没想到你居然住在凡尔赛宫……"

对于一个单身汉来说,提奥的公寓确实可以用"豪华"来形容,它位于蒙马特高地的中心,透过玻璃窗可以眺望到大半个巴黎市区,如果脖子够长的话,还能在阳台上看到凯旋门。

"真他妈壮观!"文森特说,"我敢打赌,任何女人只要看到这种风景,都会心猿意马。"

提奥拎着手提箱,一时不知该说些什么。

"让我好好看看你。"文森特像个与儿子久别重逢的老父亲似的,伸出双手捏了捏提奥的肩膀,"哎哟!一表人才……还有这公寓……老爸要是看到你现在这样子,一定高兴得要命。"他咧开嘴,每说一个字都吐出一股浓浓的烟味,"嘿!别在那儿傻站着了,我可没有小费给你。"

提奥的嘴角挤出微笑,将那只空空的手提箱斜靠在墙上以免它倒下。

文森特随手拖过一把椅子，就像徒步穿越撒哈拉沙漠后看到了第一把椅子一样，把自己的屁股丢了上去。

"啊……"

他伸直两条长腿，好让脚底板不再接触地面。

"你一定有许多问题想问我，但在那之前，能不能给我点吃的？我快饿疯了。"

提奥点点头，转身走进厨房，出来时手里拿着半个法棍面包和一瓶果酱："昨天吃剩下的，希望你别介意，我帮你切一下……"

"不用那么麻烦。"

没等提奥反应过来，他手中的面包已经到了文森特手中。文森特撕下一大块塞进嘴里使劲嚼起来，含混不清地说："腥了，唔吧。"（"行了，问吧。"）

"问什么？"提奥拍了拍手上的面包屑。

"里隆懂莫有物体呜呜膜？"（"你难道没有问题问我吗？"）

提奥倒了杯水，递给文森特。

"本来确实想问你什么时候来巴黎的，但……"他耸了耸肩，"你已经用实际行动回答了。"

文森特一口气把整杯水喝光了，将空杯还给提奥："啊哈……可不是嘛，你得感谢我替你省下了拍电报的钱。"

"嗯……真得好好谢谢你。"提奥又将水杯斟满，递给文森特。

"啊哈……"他又一口气喝干。

"那天我刚把信寄出去,就觉得浑身别扭。心想来巴黎见自己的老弟,干吗还要事先请示?又不是来见国王……你说是不是?"

提奥点了点头,其实他除了点头也不知道该做何反应。

"于是我转头就买了当天下午的火车票。"

提奥看着墙角的皮箱:"嗯,看得出你很急。"

"可不是嘛!"文森特伸脚踢了踢那只皮箱,"这只皮箱从我 16 岁起就跟着我了,从海牙到伦敦,从荷兰到比利时,一直都是它陪着我。"说着又踢了一脚,"对我来说,它在哪儿,哪儿就是家。"

提奥双手交叉在胸前,背倚着壁炉旁的墙壁说:"这次又是哪个女人?"

"女人?什么女人?"

"每次你离开一个城市,不都是因为某个女人吗?"

"胡说……"文森特皱起眉头想了想,"有吗?"

提奥点了点头。

"也就一次……"文森特想了想,"最多两次……哪有每次?!"

"伦敦那个叫什么来着?就是你房东的女儿——罗伊尔?"提奥竖起一根手指。

"是罗尔。"文森特纠正道,"'y'不发音。"

"罗尔。"提奥竖起第二根手指,"离开海牙是因为那个……'劳动妇女',叫什么来着?"

兄弟俩一直以来都管妓女叫"劳动妇女",和尊重女性没有任何关系,只是因为这样听起来文雅点。

"你还别说,"文森特瞪着眼睛,"我还真想不起来她叫什么了,只记得那个妓院叫盖斯特,开在一个中世纪大杂院里。"

文森特把鼻子皱成了一团:"我当时太年轻了,是被她骗了。真搞不懂,她干吗要骗我这么个穷光蛋?"他申辩道,"不过这个不能算,我并不是因为她才离开海牙的。"

提奥似乎并没有在听,掰出第三根手指说:"还有,在艾滕,你爱上了福斯表姐!"他特地给"表姐"两个字加上了重音。

文森特这次没有申辩,而是微微点了点头。

"还有纽南。"提奥掰出第四根手指,"那个为了你要死要活的姑娘……"

"玛格特……"文森特叹了口气,"我差点跟她结婚,唉……"

"我记得还有一个……"提奥盯着迟迟无法伸直的小拇指,"一时想不起来了。"他将双手重新交叉在胸前,总结道,"反正每次你离开一个城市,都是因为某个女人。"

文森特没有接话，他知道提奥想不起来的那个人是谁——西恩，另一个"劳动妇女"。

他和西恩也到了谈婚论嫁的地步，为了这件事，他同父亲好几年都没说过话。对于父亲那样一个虔诚的牧师来说，目睹一个"劳动妇女"变成儿媳妇，简直比扯下圣母马利亚的衣服还要可怕。何况西恩还带着一个 5 岁的孩子，肚子里还怀着一个，虽然不是文森特的……应该说，居然还不是文森特的孩子！还有什么比儿子娶一个妓女为妻更糟的呢？——那就是娶一个怀孕的妓女！

文森特很理解父亲，但那时的他更相信爱情。

对他而言，这等于是一笔买 1 送 1 的买卖，不对，应该说是买 1 送 1.5 的买卖，再好不过了！

他告诉西恩，他没钱，但也不是什么勾引女人的骗子，问她能否容忍和这么个穷光蛋在一起，如果不行的话最好现在就分手。这就是他的表白，简单却又深情。西恩的回应是，不管他多穷，都愿意与他在一起。

文森特本以为终于遇到了爱情，但他没想到的是，这段恋情居然还附赠一个丈母娘！那老巫婆简直就是为了折磨他而生的。再牢固的爱情也斗不过夜以继日的数落，他和西恩都尽力了，但最终还是不行。

文森特将脑袋靠在椅背上，像个放弃抵抗的嫌疑犯，眼睛却不由自主地看着堆在墙角的油画。

"这次真不是因为女人。"他说。

那些画，都是他的作品，自从立志成为职业画家以来，他每个月都会把自己觉得还不错的作品寄给提奥，并委托他售卖，但至今一幅都没卖出去。他曾写信质问提奥，究竟是怎么回事？如果觉得他画得不好可以直说，但提奥却总是不愿正面回答。这次，文森特其实是带着兴师问罪的心态来巴黎的。本想狠狠地吵一架，但当他看到提奥的那一刻，却又什么都说不出口了。

"那是为了什么？"提奥问。

"什么？"

"这次你为什么离开……安特卫普？"

"哦……"他又看了看那堆画，迟疑了几秒钟，"因为安特卫普里都是蠢货。"

"你是说美术学院里的人？"

"美术学院？那儿应该改名叫蠢货学院！"

"可是，你的导师西伯特先生……"

"别跟我提那个人……"文森特摆了摆手，像是在驱赶一只隐形的苍蝇。

"西伯特就是蠢货中的蠢货！"他扯着嗓子，"他说的每句话都是在放屁，且相矛盾的屁！"

接着他摆出一副怪脸，拿腔拿调地模仿西伯特先生的语气说："追求真实的肉体！展现真实……去他妈的！现在又不是生活在文艺复兴时期，他口中的'真实'，全都是意淫出来的。他根本就不知道'真实'的女人究竟长什么样，我怀疑他就是个处男！"

"呵呵……"提奥干笑了两声，"我猜这话你没直接对他说吧？"

"当然说了！一字不差！"

提奥点了点头，仿佛一切全在预料中："在课堂上说的？"

"不然还能在哪儿？"

"然后呢？"

"然后他让我重修这个学年。"

"没开除你就算不错了。"提奥捏了捏自己的额头。

"开除我？开什么玩笑！我决定开除他！"

"啊？"

"来之前我递交了退学申请。"

提奥用力抿了抿嘴唇，生怕一开口就会问些没有意义的问题，比如：预付 1 年的学费要怎么办？

"我是'不适合上学体质'。"文森特一本正经地点着头，仿佛这是专家会诊的结论。

"世界上有这种病？"提奥心不在焉地问。

"没有吗？那我可能是第一例。"文森特依旧一脸严肃，

"在来这儿的火车上，我仔细回忆了一遍我的求学之路。"

现在轮到文森特掰手指了。

"我11岁开始上学，先是在家附近的津德尔特公校。那里有个叫德克斯的老浑蛋，你还记得吗？对，就是那个秃头校长，你也见过的。他的教育理念是'不听话就揍'——我在那儿除了学会了如何抗揍，其他什么都没学到。被退学的那天对我来说简直就是一种解脱，就像古罗马奴隶重获自由一样。相信我的离开对老德克斯也同样是一种解脱，我再不走，他可能会被我训练成津德尔特的散打冠军。"

"你那时确实有点顽皮。"提奥笑了笑。

"这我承认。"文森特说，"我那时确实是个小浑蛋，可惜老爸老妈并没有意识到。在我被退学之前，他们还一直以为我是个神童。"

"你确实很聪明啊。"

"不不不……"文森特像摸了电门似的摇着脑袋，"千万别再说我聪明了，这句话把我害惨了！如果我有孩子……"他顿了顿，又拼命摇着脑袋，"我可能不会有孩子了……如果你以后有了孩子，千万别给他灌输'他很聪明'的想法，这会让他在所有事情上都要小聪明，不愿意努力，最终变成一个一事无成的废物。看看我，我就是最好的例子。"

"我会拿本子记下来的。"提奥点了点头。

文森特并非家中长子，在他之前还有一个不到1岁就夭折的哥哥。经历过一次丧子之痛的梵高夫妇，对文森特百般呵护。虽然出身在一个牧师家庭，却过着皇室的日子。在这种环境下成长起来的孩子无非有两种结果：什么都怕或什么都不怕，文森特显然属于后者。

"总之……"文森特继续说道，"我被退学那件事，对老爸老妈来说，就是一道晴天霹雳。老妈甚至觉得问题出在学校，而不是自己的蠢货儿子。我记得老妈当时对老德克斯说，是那所乡巴佬学校把我给带坏了……直到退学后我在家里晃了 3 年，老妈才意识到我确实是个无可救药的小浑蛋。"

"后来你去了那所寄宿学校，对吗？"

"对，普罗维利。"文森特说，"但当时我还小，根本不懂事，有种被抛弃的感觉。现在想起来，如果我是咱爸妈，也一定会想方设法摆脱我自己。"

他自嘲地笑了两声。

"我现在还清晰地记得那天的画面……下着大雨，我像个包裹一样被丢在普罗维利的台阶上，那所学校实在大得吓人，像杜伊勒里宫一样，光厕所就能顶上整个津德尔特公校。"

"怎么可能！"提奥向来无法接受这种"不精确"的比喻。

文森特挠了挠头："也对，可能那时候人小，看什么东西都觉得特别大吧。不过那里的装潢真的是……"他想在脑海中搜索一个恰当的形容词，但想了半天却只蹦出一句："太他妈的了！"

说完又傻笑了几声。

"不过这种浮夸的设计倒是彻底满足了爸妈的虚荣心，我也不知道为什么，他们坚信学校的装修风格会直接影响我的前途。"

他点了点头，觉得自己总结得很有道理，继续说道："我那天就站在那个宫殿的台阶上，看着那辆黄色的马车渐行渐远。你记得家里那辆黄色马车吗？对，就是那辆老马车。我就站在那儿，看着它载着老爸老妈，越变越小，沿着道路两旁的松柏树，驶向世界的尽头……那画面还挺美的，改天应该把它画下来。"

他低头看了看手中的空水杯："嘿！你这儿有酒吗？"

"有。"

提奥从身后的酒柜拿出两个玻璃杯："白兰地？"

"什么都行！"文森特递过玻璃杯，"不用拿新杯子了，我这儿有。"

"没事。"提奥说，"别用水杯喝白兰地。"

提奥拔开白兰地的木塞，倒了一小杯递给他。文森特接过酒杯，像欣赏艺术品一样将白兰地酒杯举在空中端详了半天，扬起一边眉毛，点了点头。提奥给自己也斟了一点白兰地，拿在手里晃了晃，并没有喝。

"你后来为什么离开那儿？"

文森特抿了一口白兰地："啊哈……太贵了！虽然爸妈不承认，但我知道他们根本负担不起那里的学费。"

他摇晃着酒杯把剩下的白兰地全都倒进嘴里，感叹道："哈……"

提奥只是用嘴唇轻轻沾了一下白兰地，道："要多少钱？"

"我不知道具体数字。"文森特摇摇头，"但只要见到我的那些同学就知道了，那里根本就不是我该去的地方，就像一群白马中混进了一头骡子。"他说着站起身来，理所当然地拿起桌上的白兰地，给自己加了一大杯，然后又像什么都没发生过似的坐回椅子上。

"那帮人个个都是富家子弟，每个周末返家日那叫一个壮观！那支接少爷们的高级马车队在校门口能排足足1公里那么长，每辆车前面都站着一个戴白手套的车夫。"

"你没交几个朋友吗？"提奥问。

"这你该去问问那些富家子弟，看他们愿不愿意跟我交朋友。'红发乡巴佬'——他们都这么称呼我。"

文森特从口袋里掏出烟斗，熟练地往里面填着烟丝。

"说起来，我内向孤僻的性格应该就是那时养成的。"

"内向？你在开玩笑吗？"

"那说明你还不了解我，"他划亮一根火柴点燃烟斗，连吐了几口烟，像个正在起步的蒸汽火车头，"或者说对我的了解还比较片面——你只看到了我在水里扑腾的样子，却没注意到我在下水前的纠结与蹉跎。"

他显然对自己的这个比喻颇为满意，而提奥则像嘴里被塞了一调羹糨糊一样，嚼了半天也不知道吃的是啥。

"再往后，就是那个'性价比'学校了。"文森特弯着手指在两只耳朵旁边打着引号，"威廉二世高校——装修风格也很浮夸，但学费只有普罗维利的一半。"

"威廉二世是所不错的学校，不是吗？"

"嗯，确实。"文森特一本正经地点了点头，"……在培养自以为是的傻蛋方面确实很有建树。"

"那听起来还挺适合你的。"

文森特哈哈大笑起来："你是觉得我自以为是，还是觉得我是个傻蛋？"

提奥耸了耸肩，没有回答。

"总之不管怎么说，"文森特说，"学校确实不适合我，或者说，我不适合上学。"

"好吧……"提奥晃着手中的酒杯，"那你接下来有什么打算？"

文森特瞟了一眼墙角的那堆油画，马上将目光移开："我想在这儿待一段时间，如果你不介意的话。"他抬头瞄了提奥一眼，又迅速将目光移开，"可能在这儿生活一段时间，就会知道画什么样的画才会比较好卖了。"说到这里，他不由自主地又看了一眼墙角的油画，这次提奥正好捕捉到了他的目光。

"我就知道你是为这事来的。"提奥的声音忽然严肃起来，"我说过不止一次了，文森特，现在还不是时候，你得……"

"我懂，我懂……"文森特摊开双手做出投降的姿势，"我并没有埋怨你的意思，真的没有。"

他放下双手，在大腿上来回搓着："我只是想，尽可能地多接触巴黎的艺术氛围……这样对创作应该没有坏处……不是吗？"

提奥没有回答，空气一下子安静了下来。

文森特将酒杯送到嘴边，眼睛躲在酒杯后面偷偷看提奥的反应。

"去吃饭吧！"提奥忽然打破沉默，"半个面包一定填不饱肚子。"他看着地上的面包屑，又看了看表，"天哪！已经这么晚了！走，我知道一家不错的馆子。"

《自画像》(*Self-Portrait*)，1889

亲爱的提奥：

　　我们的理想已然坠地。尽量照顾好自己，当我们走到人生旅途尽头时，或许就能平静地再次重逢。

　　相信我，最后一切都会好起来的。

　　在想象中握你的手。

你永远的

文森特

1889.2.3

3

噢！我的烟斗！

提奥在文森特 7 平方米的小房间里来回踱步，其实从房间的一头走到另一头一共只需要三步，所以提奥基本上就是在原地转圈。

文森特躺在床上，虽然身体不能动，头脑却特别清醒。他很想问弟弟这样原地转圈会不会头晕，但却连开玩笑的力气都没有了。对一个中枪躺在床上的人来说，用手托着嘴里的烟斗已经是高难度动作了。

"现在该怎么办……怎么办……怎么办……"

提奥在嘴里不停地重复着这句话。

这时文森特忽然咕哝了一句。

"你说什么？"提奥把耳朵凑到文森特面前。

"我……知道该怎么办。"他的声音有气无力，就像是吐气时稍微动了动舌头。

"怎么办？"提奥问。

"等死。"

"别胡说……"提奥几乎向后跳了一步。

文森特本想说句俏皮话缓和一下气氛，但却被一阵咳嗽折磨得差点当场毙命。

"还是去医院吧。"提奥说。

文森特摆了摆手，满头大汗，拿着烟斗的手捂着伤口，仿佛正在阻止把自己的肺从伤口咳出来。

"总会有什么办法的……"提奥又开始踱步。

文森特招了招手，接着用眼神示意提奥坐下。

提奥环顾四周，屋里只有一把椅子，上面还堆满了脏衣服。

他看了看那堆衣服，又看看文森特，文森特点了点头。

提奥也点点头，走过去像捧青花瓷一样把那堆衣服举了起来，放到地上，然后双手端起椅子，转身，向前踏出一步，目测了一下距离，又踏出半步，把椅子放在床边，笔直地坐了上去，脱下帽子，接着环顾了一遍房间，没找到能挂帽子的地方，于是掸了掸帽子上的隐形灰尘，又戴回脑袋上。

文森特总算不咳了，他躺在床上，仿佛在欣赏提奥和一把椅子跳华尔兹。房间里特别安静，兄弟俩就这样一个躺着、一个坐着，谁都没说话。

"文森特？"提奥打破寂静。

"嗯？"

"到底怎么回事？"

文森特低头看了看自己的伤口，抬头看着提奥，挤出一个苦笑。

"他们说你朝自己开了一枪？"提奥问。

文森特没有回答，他叼着烟斗，望着墙角的那幅《白衣少女》。

"真的吗？"提奥又问。

文森特依然盯着那幅画，什么都没说。

提奥顺着他的眼神看了看那幅画，又看看他，觉得自己像是个被蒙在鼓里的白痴，这让他很恼火。

"唉！文森特……"提奥的声音有些发抖，"看你把自己活成什么样了！"

他的语气像是在训斥自己的儿子，事实上，提奥的儿子可比面前这个满脸胡楂儿的男人让人省心多了。他儿子也叫文森特，还不怎么会说话，更不会用手枪崩自己。

"嘿！提奥……"文森特用极为细小的声音说。

"什么？怎么了？"

文森特勾了勾手指，让他凑过来，似乎有什么重要的话要说。

提奥把一只手按在床沿上，将耳朵凑了过去。

"你……上一次……去妓院是什么时候？"

"什么？"提奥的帽子差点从脑袋上掉下来。

"妓院……你上次去……"

"我听得见！"提奥提高音量，"我结婚了！"

"好吧……"文森特抿了抿嘴，"你……被阉了？"

"行了！够了！"提奥从椅子上跳了起来，椅子"砰"的一声倒在了地上。

"出什么事了？要帮忙吗？"土豆老板的声音从门缝传了进来，听起来像是把嘴塞在门缝里说的。

"不用！"提奥弯腰扶起椅子，同时朝着门外吼道，"拉乌先生！没事，请你下楼去好吗？！"

门外一阵沉默，接着土豆老板骂骂咧咧地往楼下走去。

"那老家伙真该去做个记者。"提奥摇了摇头，"我的上帝啊……"

文森特看着提奥，虽然说不出话，但头脑却格外清醒。

"我的上帝啊？"——在上帝诞生之前，或者说在《圣经》普及之前，老百姓用什么词来表达感慨？哦！我的烟斗？他看了看手中的烟斗……不对，那时候应该还没有这玩意儿。见鬼，把烟斗送到嘴里怎么变得那么难了？倒也不是非抽不可，只不过有支烟斗塞在嘴里，至少能提醒自己继续呼吸。

提奥看着他，像看着一根正在做仰卧起坐的竹竿。

"我看你还是别抽烟了。"

文森特用最后一丝力气叹了口气，整个人瘫软了下来，但眼神依旧不想放弃。

"这东西……止痛。"

"谁跟你说的？"

"狄更斯……"

"我的上帝！狄更斯又不是医生，他就是个职业编故事的！"虽然嘴上这么说，但提奥还是伸手托着文森特的手，将烟斗送到他的嘴边。

文森特张开嘴，伸长脖子够了一下，没够到。

提奥放下手原地转了一圈，将注意力集中到地上的那堆脏衣服上。他弯腰从那堆衣服里挑了两件捏起来还比较软的团成一团，小心翼翼地塞到文森特枕头底下，再慢慢地将文森特的手臂弯曲到嘴边。

真是一个烦琐而又漫长的过程，这是文森特头一回感受到身上每块肌肉的存在，它们互相拉扯着，仿佛全都连在伤口上。

"这样好点了吗？"提奥问。

文森特嘴里再次呼出白烟时的表情，简直就像接上氧气的心脏病患者。

"真他妈舒服，天堂也不过如此吧。"他心想，"这会儿老爸或许正和上帝在一块儿，如果连老爸这么虔诚的基督徒都见不了上帝，那还真是……太见鬼了。"

他想起儿时父亲布道的样子，每个周日，当他站上津德尔特小教堂的那个布道坛时，整个人都在发光。对津德尔特的乡巴佬来说，牧师梵高简直就是那儿的神。

这似乎是他对父亲全部的记忆了，他甚至已经记不清父亲年老时的长相了。记忆里的父亲永远40岁的模样，一头银发，目光坚定，气度非凡，和现在的提奥几乎一模一样。

他看看提奥，心想自己怎么就没遗传梵高家帅气的基因。他们两兄弟站在一起，简直就像水仙花遇到了洋葱。当然，自己是那颗洋葱。

提奥真的越长越像父亲了。

"父亲……"文森特盯着提奥，"你见到上帝了吗？"

"我是提奥。"

提奥皱着眉头，而文森特没听到似的，继续说："你恨我吗？"

"当然不，文森特。"

"我当初选择了三伯，而不是你……"

提奥知道，这句话依然是对父亲说的，他把自己当成了父亲。

提奥12岁那年，三伯去他们家住了一段时间，说是出差的时候顺道来看看。但谁都知道，没人会"顺道"经过津德尔特的……除非那人的目的地是格罗特比克沼泽地。

三伯真正的目的是游说文森特继承他的家业。自打文森特兄弟俩有记忆以来，三伯一直都是梵高家族里最富有的一个，他拥有一个作品遍布全欧洲的艺术品帝国，但却没有孩子，因此他一直将文森特当成自己的儿子看待。那年文森特16岁，三伯特地"顺道"从巴黎跑来津德尔特，就是希望文森特能加入他的艺术品帝国。

而文森特却犹豫不决。提奥一直想不明白为什么，文森特当时刚刚辍学，整天在家里闲晃，三伯的提议听起来是再好不过的选项了，他还在犹豫什么……这个问题一直到提奥成年后才想通。

文森特是因为父亲而犹豫不决。

虽然父亲从没说过，但谁都看得出来，他希望文森特能够继承自己的事业——成为一名牧师。

梵高家每一代都至少会出一个牧师，这是延续了好几代的家族传统。谁都说不准为什么，或许是为了减轻同辈兄弟们疯狂赚钱的心理压力吧……总之，他父亲就是他那代的"牺牲品"——这是母亲的说法，虽然父亲并不这么认为。父亲非常希望自己的大儿子，或者说至少有一个儿子能够继承自己的事业，将这个家族传统延续下去，可是……

提奥以为文森特会选择继承父亲的职业，因为他向来都很敏感，从不愿伤害任何人。

"我当初选择三伯……不是为了钱……"文森特气若游丝地说。

"那是为了什么？"

文森特闭着眼睛喘了会儿气，说："因为……"一张口又喘了半天，"因为……提奥。"

"因为提奥？"提奥决定继续扮演父亲，因为这是他头一回听文森特说起这件事。

"是啊……"文森特努力把眼睛撑开一条缝，"我答应过……那小子……站住脚后……带他离开津德尔特。"

提奥瘫坐在椅子上一言不发。

他想不起兄弟俩之间有什么约定，但记得自己12岁生日的那晚，他在吹蜡烛前许了个愿。晚上兄弟俩睡在同一间房里，熄灯后，文森特问他许的是什么愿望，他说希望有朝一日能离开津德尔特这个鬼地方，他想去巴黎，听说那里美极了。那天晚上，文森特什么都没说。第二天一早，他便告诉父亲，他决定去三伯的画廊当学徒。

等等，提奥想起来了，文森特离开津德尔特的那天似乎说过这么一句，就在他踏上那辆黄色马车之前，他悄悄地对提奥说，等自己站住脚，就接他过去。

但提奥当时并没有理他，也并没把这句话当真。事实上，提奥那时正在生文森特的气。

在他看来，文森特的行为就是赤裸裸的出卖。因为兄弟俩都知道父亲希望他们中的一人成为牧师，那天晚上他刚和文森特说了自己的想法，文森特第二天居然就抢先离开了津德尔特。因为这件事，提奥甚至好久都没跟文森特讲话，他写来的信也从来不回。

但让他没想到的是，3年后，文森特居然兑现了那个在黄色马车前所做的"单方面约定"。15岁的提奥顺利离开津德尔特，进入了位于海牙的分公司。文森特在这中间花费了多大力气？只有他自己知道。而在那之后不久，文森特便离开画廊去研究神学了。

提奥望着躺在床上的文森特，他骨瘦如柴、面无血色，仿佛一具僵尸。

"你想要睡一会儿吗？"提奥问。

文森特睁开一只眼睛，瞄了他一眼。

"不用了……再过一会儿……我就有的睡了。"

他笑得很灿烂，看起来让人心碎。

《火炉旁的椅子》(*Chair Near the Stove*), 1890

亲爱的提奥：

在你生日即将来临之际，我谨致以最诚挚的祝福，祝你身体健康，内心平静。

非常开心你寄来了100法郎。我说过，我必须偿清一些债务，我一直惦记着这件事。债主倒没催，只是我知道他们也需要钱。

我本打算将那幅《吃土豆的人》寄给你作为生日礼物，但后来作罢了。虽然创作过程非常顺利，但它还没有彻底完工。

我将这幅画带到埃因霍温给我的朋友看，他说他不敢相信我对颜色和线条的应用竟然能达到如此高的境界；他还说，看了我的画后，对于如何画农民的双手有了完全不同的理解。

我这样画，是为了让人们明白，这些围着灯吃土豆的人，正是用此刻从盘子里舀土豆的手，在农田中刨土劳作的。这幅画其实反映的是体力劳动者，以及通过诚实的劳动赢来了一顿饭。我想呈现出不同于我们的生活，不同于文明人的另一种生活方式。

我相信《吃土豆的人》最终呈现出的效果会非常出色。

我很想知道，你能否从我的这幅画里发现你喜欢的东西——但愿你能。

在想象中同你握手。

你永远的

文森特

4
———

吃土豆的人

　　帽子、手杖、领结……这些是提奥每次出门必备的装备。即使只是去楼下拿封信，也是如此。

　　而文森特，从决定出门吃饭到走出门，只用了3秒钟。唯一需要做的"打扮"，就是拍掉身上的面包屑，用指甲抠抠牙齿缝。接下来的时间，他便把手插进裤兜站在门口，嘴里还不停地重复着："没事，慢慢来。"

　　半小时后，提奥打扮妥当，临出门还在门口的镜子前用随身携带的小梳子梳了一下自己的胡须。

　　兄弟俩走出公寓，沿着拉瓦尔街向南走。时至傍晚，蒙马特高地的主干道华灯初上、人头攒动，所有人都在为即将到来的巴黎夜生活做着准备。

　　从提奥的公寓走到闹市只有几百米，但兄弟俩却走了半个多小时。一路上提奥遇到了好几个熟人，他们个个穿着讲究、谈吐优雅。也有那么一两个邋遢鬼，一看就是艺术家。文森特看看他们，又看看自己，忽然明白提奥为什么每次出门前都要精心打扮了。

当提奥和他们谈笑风生时，文森特却只能站在一旁傻笑，插不上嘴。每当提奥将文森特介绍给他们时，他们的目光都会在兄弟俩的脸上来回打转，努力寻找他俩是兄弟的蛛丝马迹。当他们问起文森特的职业时，提奥则会抢在文森特开口前回答："他正在努力成为一个画家。"

兄弟俩来到提奥常来的一家餐馆，文森特还没看清招牌，就跟一个从里往外走的年轻人撞在了一起。年轻人出门时本就骂骂咧咧的，再被这么一撞，直接到了抓狂的边缘。他瞪着眼睛刚要发作，忽然看到站在文森特身边的提奥，硬是把火气压了下去。

"提奥先生？您打算来这儿吃饭？"年轻人问。

"是的，伯纳德先生。"提奥回答道，"您吃完了？"

"还没吃就被气饱了！"年轻人忽然提高了嗓门，回头朝着饭店里嚷嚷道，"里面有两个'学院派'的老古董！"说完转过头来对着提奥说，"提奥先生，我劝您也别进去，他们会咬人！"

文森特摸着刚才被撞到的下巴，打量着这个叫伯纳德的年轻人。他皮肤白嫩，看起来都不到 20 岁，但却故作老成地留着一脸稀疏的胡须。他的打扮和普罗维利寄宿制学校的那帮富家子弟很像，但却不像他们那般惹人厌。也说不清为什么，他对这个小伙子的第一印象特别好。显然他并没有意识到，盯着一个素不相识的人看太久，会显得很猥琐。

伯纳德毫不示弱地瞪了回去。"你有什么问题吗？"他说着将眉毛皱成一个挑衅的形状。

"哦，忘了介绍了，"提奥打圆场道，"这是文森特，我的大哥……"

"您就是文森特先生？"伯纳德的态度一下子一百八十度大转弯。

"我已经那么出名了？"文森特似笑非笑地调侃。

"我在提奥先生的公寓看到过您的作品！"伯纳德兴奋地说，"它们非常棒！"

文森特现在知道这小子为什么讨他喜欢了，但嘴上依旧不示弱："哦？棒在哪里？"

"先生！您画的那些农民，一看就是真正的农民！"害怕他听不懂，伯纳德又补了一句，"一点都不做作！"他几乎要拥抱文森特了。

文森特看了看他身上精致的西服，笑道："哦？你经常跟农民打交道？"

"不，先生，我从没见过真正的农民，"伯纳德真诚得就像达·芬奇笔下的小天使，"但一看您的画，就知道您画的是真正的农民！他们吃土豆的动作，还有神态……"他模仿那幅《吃土豆的人》中的人物动作，"我第一眼看到就知道他们是……真正的农民！"

伯纳德忽然对自己的词穷感到不好意思："抱歉，先生，再这样下去我快变口吃了。"他突然站直了身子，毕恭毕敬地对兄弟俩说，"二位先生！我正打算去铃鼓，我打赌'那帮家伙'一定也很想见到你们，和我一起去好吗？"他几乎在央求。

文森特向提奥投去求助的目光，提奥解释道："铃鼓是一家咖啡馆的名字。"他转向伯纳德："走吧，如果您不介意的话。"

"介意？当然不了！今天我请客，就这么定了！就当是为文森特先生……不，文森特大哥接风。"伯纳德像个正准备去游乐场的孩子一样，兴奋得手舞足蹈。

……

一路上，伯纳德都在向文森特科普巴黎艺术圈的现状，他的语速快得惊人，最高可达到 12 字／步。文森特能够自行消化其中的 30%，听不懂的时候就会看一眼提奥，有时提奥会解释一番，有时也只能耸耸肩，表示自己也不知道他究竟在胡言乱语些什么。

走了 100 多步，文森特总算听懂了伯纳德想表达的中心思想——想在巴黎的艺术圈出人头地，最主要的是选对圈子。

"三个巴黎人中就有一个是画家，在法国，画画的人比看画的人还多！"

文森特用眼神向提奥求证伯纳德所说的数据的真实性，提奥耸了耸肩，表示他也不知道这是从哪儿统计出来的。

"真的！"伯纳德察觉他们兄弟之间在用眼神交流，又补充道，"我身边的朋友几乎个个都会画画！"

提奥朝他点点头，做了个"你继续"的手势。

"巴黎的画家都像狼一样过着群居的生活……"伯纳德绘声绘色地说，"而巴黎大大小小的咖啡馆就是这些圈子的据点，有些圈子甚至还有自己的名字。"

"他们都住在一起？"文森特问。

"如果咖啡馆不关门的话，我想他们肯定都愿意住在里面。"伯纳德笑道，"每天晚上，咖啡馆的老板们都会像赶苍蝇似的把他们赶走，不然根本关不了门。第二天一开门，他们又全都聚过来……嘿，我们到了！"

文森特跟着伯纳德走进位于克里希大道的一家小咖啡馆，进门的第一秒就明白了这里为什么叫"铃鼓咖啡馆"——10平方米的门面里摆放着六张圆桌子，桌面全都做成了铃鼓的样子。

当时正值晚餐饭点，但店里却只零星地坐着几个客人。三人找了一张桌子坐下，文森特用手指拨了拨桌子边缘的铃鼓，发出叮叮的响声。

"怪不得叫铃鼓。"他自言自语道。

"很直截了当吧，先生？"伯纳德接话道。

这时，一个老板娘模样的女人走了过来，她约莫 40 岁的样子，操着一口浓烈的意大利口音的法语，热情、丰满……直截了当，浑身上下都符合法国男人对意大利女人的想象。

老板娘走到伯纳德身后，将手指插进他的头发，一边玩弄着，一边风情万种地对着梵高兄弟说："嘿……亲爱的……"声音沙哑却富有磁性。伯纳德理所当然地搂着老板娘的腰，语气中有些自鸣得意："请为我和我尊贵的朋友们准备些吃的，再开一瓶好酒。"

"好的，亲爱的。"

老板娘整理了一下他的头发，然后朝文森特抛了个媚眼，扭着腰走进了厨房。

文森特呆呆地望着她的背影，手指一个劲地将自己油光光的红发往脑后捋。

提奥笑着说："要不要叫她回来帮你捋捋？"

文森特愣了一下，随即用哈哈大笑来掩盖他的尴尬。

"我现在懂了，"提奥说道，"这就是你所谓的'下水前的蹉跎'？"

"一点都没错！"

伯纳德被兄弟俩的对话弄得一头雾水，赔笑道："什么下水？先生，下什么水？"

"没什么，老弟。"文森特拍了拍伯纳德的肩膀，"这是我们荷兰人的土话。对了，这里就是你们的'据点'？"文森特将空荡荡的咖啡馆环视了一圈，"看来你们的圈子经营得不太景气嘛！"

"那是还没到点……"伯纳德笑着说，"只要有第一个人坐下来，其他人马上会一个个冒出来。您可看好了，先生。"

"那么神奇？"文森特假装自己是个来看魔法表演的小孩。

"一点都不神奇，先生。"伯纳德咧开嘴笑着说，"因为他们知道，一旦有人坐下来，就意味着今天有人埋单了！"

文森特恍然大悟地点了点头。

伯纳德看了看背后，确定没有人偷听，把脸凑到文森特面前悄悄地说："不过您说得没错，先生，这里生意确实冷清，不过这也正是我们喜欢这里的原因。"他指了指门外，"那家最火的盖尔波瓦咖啡馆，排队都进不去！"

"盖什么瓦？"

"盖尔波瓦！天哪！您居然不知道盖尔波瓦，先生！"伯纳德一脸的不可思议，"那里诞生了印象派啊！"

文森特有节奏地点着头，像个在数学老师面前假装听懂解题过程的小学生："哦，我还以为印象派是在画展上诞生的。"

"当然不是啦，先生！"伯纳德拼命摇着脑袋，"刚才不是跟您说过了吗，巴黎艺术圈是以咖啡馆分布的。蒙马特高地上的每个咖啡馆都聚集着一帮艺术家，每个人都梦想复制印象派的成功。"

"这么说起来，那个盖什么瓦咖啡馆岂不成了年轻画家的圣地？"

伯纳德把脑袋摇得像癫痫发作似的："不不不，先生！巴黎当地人才不去呢，只有那些刚来巴黎的外国人才去。"说完觉得有些不妥，立刻补充道，"当然不是说您了，先生。"

"你说得没错，"文森特笑道，"我确实就是个傻了巴叽的外国人。"

"不不不，您和他们不一样，"伯纳德显得有些尴尬，努力想要缓和气氛，"至少您没想过去盖尔波瓦'朝圣'。"

"在你告诉我之前我确实没想过，不过现在……"

"行了文森特，铃鼓挺好的。"提奥打断文森特。

"对对对！"伯纳德像抓到救命稻草似的，"铃鼓真的不错，至少不像其他咖啡馆那么排外，任何人都能来这儿喝一杯。"

"那是因为来这儿的都是没出息的垃圾！哈哈哈！"

一个洪亮的声音从伯纳德身后传来。

文森特朝话音传过来的方向望去，一个戴着高帽子的大胡子男人正笑嘻嘻地站在门口。伯纳德苦笑着摇了摇头，看来他都不用回头就知道是谁进来了。大胡子不客气地拖了把椅子，在伯纳德和文森特中间坐了下来，接着向文森特伸出手："啊哈！这位新朋友是……"他洪亮的声音把文森特连人带椅子往后震了半厘米。

"这位是文森特先生，提奥先生的哥哥。"伯纳德向大胡子介绍。

"久仰久仰！"大胡子捏着文森特的手，"我叫路易斯。"他竖起大拇指往身后甩了甩，"是这个小白脸的师父。"

"嫖娼和赌博方面的师父……"伯纳德在他身后翻了个白眼。

"哈哈哈哈……"大胡子依旧捏着文森特的手，"那也是师父！"随后转头对文森特说："抱歉！他以前不是这样的。"

文森特干笑着，心想自己的手指会不会被他捏断。

"您就是……文森特先生？"

一个细小的声音从大胡子背后传了出来，把文森特吓了一跳。原来大胡子和伯纳德中间还有个人，都没看见他是什么时候进来的。

"我的天！你是忍者吗？"大胡子大叫起来，显然他也没注意到自己背后还躲着个人。

"忍者？那是什么？"伯纳德问。

"某种会隐形的日本人，这不重要……"

"你好，文森特先生。"那个人总算站起身来，"我叫约翰·拉塞尔。"

他从大胡子背后转出来，文森特差点没笑出声来。这两人站在一起简直反差太大了，像是从童话故事里走出来的角色——嘻嘻哈哈的大棕熊和愁眉苦脸的小狐狸之类的，总之就是两个在现实世界中不可能有交集的物种，却成了好朋友的感觉。

文森特把被大胡子捏得僵硬的手抽出来，和拉塞尔握了握手，果然和想象中一样绵软无力。他问："听您的口音，不是当地人吧？"

这是明知故问，约翰·拉塞尔本来就不是法国名字，但是当你在异国他乡遇到外地人时，总会产生一种莫名其妙的亲切感。

"我是澳大利亚人。"拉塞尔说。

"我们都叫他'澳洲佬'。"大胡子补充道。

"是的，他们都这么叫。"澳洲佬朝大胡子送去一个感谢的眼神。

"哇哦，这是我第一次见澳大利亚人。"文森特感慨道。

"是不是和想象中不一样？"

"呃……不得不承认，确实有些……"文森特一时没想到用什么词来形容这种感觉。

"看上去不太像强奸绵羊的人，对吧？"伯纳德抢过话头，说完生怕文森特听不懂，立马解释道，"这是关于澳大利亚人的经典笑话，因为那里地广人稀，绵羊比人还多，你懂的……"

所有人都皱着眉头看着他，气氛有些尴尬，幸好这时候老板娘端上了酒菜。

文森特只吃了一口就知道为什么这里生意这么差了。一时很难判断这是不是他这辈子吃过的最难吃的食物，这让他想起做见习传教士时，在矿井里啃的半生不熟的土豆……很难说哪个更难吃。

他用勺子将看起来像橡皮筋和稀泥的东西舀起来观察了半天，所有人都嬉皮笑脸地看着他。

"习惯就好了……"大胡子说，"没什么事是十全十美的。"说着忽然提高了声音，好让厨房里的老板娘听见，"至少这里有整个蒙马特高地最美的老板娘！"

"爱你哟，宝贝儿。"老板娘沙哑却富有磁性的声音从厨房里传了出来。

大胡子美滋滋地笑着，忽然发现澳洲佬正斜眼瞧着他。

"怎么了？你嫉妒吗？"大胡子转头朝着文森特说，"嘿，别理这个变态狂，他刚追到了全巴黎最美的女人，现在谁都看不上。"

"我可没追她。"澳洲佬不屑一顾地喝了口酒。

"啧啧啧……"

大胡子和伯纳德同时露出鄙夷的表情看着澳洲佬,文森特在一旁哈哈大笑。

酒过三巡,伯纳德不胜酒力,趴在桌子上睡着了,提奥和澳洲佬依旧坐在原来的座位上,连姿势都没改变过。

"酒精这东西真是奇妙,"提奥晃着酒杯,"能让两个初次见面的男人一夜之间变成兄弟。"

他望着文森特和大胡子,他俩正搂着老板娘载歌载舞。

澳洲佬面无表情地喝了一口红酒:"确实,不过您的酒量真好。"

提奥笑了笑:"我只是不贪杯罢了,总得有个清醒的人把这帮醉汉送回家吧。"

澳洲佬的嘴角微微扬了一下,幅度小到只有他自己能注意到。

提奥看了看澳洲佬:"拉塞尔先生,您跟我想象中的澳大利亚人一点都不像……丝毫没有冒犯的意思。"

"您想象中的澳大利亚人都是醉着的?"

"不不不,我只是觉得,您比我想象中要……沉着。"

"我们不过是山寨版的英国人罢了,又不是外星人。"

提奥点点头,做了个"说得有道理"的表情。

"提奥先生,"澳洲佬放下酒杯,"有个问题我一直很好奇,不知能不能问?"

"请讲。"

"我看过您哥哥的作品，"澳洲佬用眼神指了指正在和老板娘热吻的文森特，"他实在是个充满天赋的画家。说实话，我从没见过那么有天赋的人。他真的刚接触绘画？"

提奥摇晃着手中的酒杯，笑而不语。

澳洲佬接着说："虽然技法还有些笨拙，但他的作品中有一种独一无二的力量，那种……那种让人过目不忘的力量。这就是天赋，是后天努力都无法获得的东西。"

"所以您的问题是……"提奥打断澳洲佬。

"我想说的是，以您现如今在巴黎艺术圈的地位，恕我直言，通过您的运作，完全可以让您兄长的作品在巴黎画坛站稳脚跟，可为什么……"

"他还没准备好。"提奥再次打断澳洲佬。

"您是说，哪方面没有准备好？"

"我不认为他现在的画风能被巴黎的市场接受。"

"当然，您有您的专业判断。"澳洲佬点了点头，同时又微微摇了摇头，"但我反而觉得，巴黎人对您兄长这种来自不同国度的审美会非常感兴趣。真的，同为外国人，在这一点上我还是有发言权的。"

"那我问您，拉塞尔先生，"提奥的表情逐渐严肃了起来，"既然如此，您为什么不愿意把自己的画拿出来卖呢？就像您所说的，既然巴黎人那么喜欢异域审美的话……"

澳洲佬耸了耸肩，依旧沉着冷静："我不太想把艺术和金钱联系起来。"

"说到底还是因为有钱！"

澳洲佬开始感受到提奥言语中的攻击性："提奥先生，我完全没有要激怒您的意思。"

"我并没有生气，拉塞尔先生，我只是在跟您讨论一个现实问题。"提奥说，"对您来说，艺术是什么？"澳洲佬还没来得及回答，提奥便接着说道，"可能是一个爱好，也可能是某种精神追求。但对于我们兄弟俩来说，艺术是养家糊口的手艺。"

"这我理解。"

"不，您不理解！"提奥的声音越来越响，"您不会因为画卖不出去而饿肚子，恰恰相反，您压根不想卖，就因为不想用金钱来给您自己的作品定位！恕我直言，如果您的生活中没有艺术，您照样可以过得很好，在巴黎住高级公寓，拥有全巴黎最美的女朋友……如果您在这儿玩腻了，大可以回澳大利亚继承家产。"提奥用食指顶着自己胸口，"可我们兄弟俩不一样！您说得没错，我这两年确实在巴黎艺术圈混出了点小名气，但积攒名声很难，毁掉它却轻而易举！如果哪天我突然推荐了一些不符合市场要求的作品，那我就会瞬间在艺术市场中失去信誉。这会造成什么后果您知道吗？"提奥伸手指着一旁东倒西歪的文森特，"我哥哥就得挨饿！您懂吗？"他说到这里停了停，"艺术对我们兄弟俩而言不是兴趣，也不是什么狗屁精神食粮，而是一步都不能走错的事业！"

提奥一口气把憋在喉咙口的话全都吐了出来，感觉身体都变轻了。

"抱歉……是我太草率了。"

澳洲佬点着头，也不知他说的草率，指的是自己提问的内容，还是提问这个行为本身。

文森特不知什么时候站到了他俩面前，耷拉着脑袋，整个人摇摇晃晃得像棵随风摇摆的狗尾草，甚至看不出他的眼睛究竟是睁开的还是闭着的。他满脸通红，却笑得心满意足。

"嘿！提奥……"他忽然开口，"相信我……一切都会好的！"

《吃土豆的人》（*The Potato Eaters*），1885

亲爱的妹妹：

我早该回复你的信了。

现在，加歇医生成了我的好朋友，我俩甚至有点像兄弟——外貌和精神上都相似。他本身是个神经紧张、十分古怪的人。他的房子就像古董商店一样杂乱，堆满各种没名堂甚至可怕的玩意儿。

他的妻子几年前过世了，这是他一蹶不振的主要原因。

他对我的病情会有实质性帮助吗？这点我表示怀疑。如果一个瞎子给另一个瞎子带路，他俩都会掉进沟里，难道不是吗？

在想象中拥抱你。

你永远的

文森特

5

白衣少女

"别这么说！"提奥忽然提高音量，"你不能这么消极，医生说只要你能熬过今晚，明天就能想办法把你送到医院去！"

"什么医生？加歇？"文森特挑起一边眉毛，这是他能做到的幅度最大的面部表情了。

提奥对这种表情再熟悉不过了，几周前，文森特用同样的表情望着他，对他说："加歇医生其实就是个疯子，只不过是个演技很好的疯子，把你们都给骗了。"

加歇医生是画家毕沙罗的好友，一个著名的精神病学医生。而毕沙罗则是提奥的好友，也是一个在当代巴黎画坛中德高望重的画家。

朋友的朋友，自然是最可信的。提奥向来都这么认为。

可文森特的话却让提奥哑口无言。

"你仔细想想，除了毕沙罗的推荐，还有什么能证明他是个医生？"

提奥确实没看过什么资质证明。

"当你遇到一个诗人，你会邀请他朗读自己的作品，遇到音乐家时你会请他演奏一曲，但没人会让一个医生现场表演量体温什么的，更别说精神病医生了……只要有人告诉你他是个医生，你就会相信，你不觉得这很可笑吗？"

让提奥哑口无言似乎是文森特从小就具备的一项技能，他总能把一些胡说八道的理论诠释得天衣无缝。

"总之，我只是希望你不要放弃希望。"提奥望着躺在床上的文森特，盯着他凹陷的眼眶，"你要有活下去的决心，才能战胜死神。"

文森特忽然笑了起来，紧跟着是一阵剧烈的咳嗽。

"战胜……死神？"他瞧了瞧自己胸口的枪伤，"你……难道不觉得……我正打算……拥抱死神吗？"

提奥双手插在裤兜里瘫坐在椅子上，像个被一拳击晕的拳击手。

他望着天花板发了好一会儿呆。

3分钟后他终于开口，眼睛依旧盯着天花板："文森特……你为什么要朝自己开枪？"

……

文森特没有回答，他闭着眼睛，手中的烟斗已经熄灭，滑落到盖在他身上的毯子上，烧焦的烟丝像一群死掉的蚂蚁，散落在床单上。

让他睡会儿吧，提奥心想。

他将目光移到墙角的那幅画上——《白衣少女》。这是提奥自打进屋以来第一次仔细端详这幅画，只看了一眼，他就被画中的白衣女孩牢牢地吸引住了。他干脆走过去，蹲下身子凑近了看——画上的油彩还没干，说明是最近刚画完的，少女的背后是一片麦田……

麦田？提奥忽然想起来之前警察对他说的话——文森特中枪的案发现场就是一片麦田。

难道？

“这女孩是谁？”他自言自语道。

“盖比。”

提奥回过头，文森特正努力睁开眼睛。

“怎么没听你提起过？”提奥转身看着画中的女孩，“是当地人吗？”

“不是……”他的声音微弱，几乎就是在吐气时动了动舌头。

提奥单膝跪地，像侦探勘查犯罪现场似的扫描着画面。

“当时她也在吗？”

“嗯？”文森特又闭起了眼睛。

“她就在案发现场，对吗？”提奥提高音量。

文森特闭着眼睛，嘴里支支吾吾地不知在说些什么。

"嘿！"提奥朝文森特吼了一声。

"嗯？"文森特勉强将眼皮撑开一条缝。

"你开枪时，这个盖比也在那儿，对吗？"提奥铿锵有力地吐出一个个字。

"我想……是的。"

《花园里的玛格丽特·加歇》（*Marguerite Gachet in the Garden*），1890

亲爱的提奥：

一只关在笼子里的鸟非常清楚，自己肯定是有用的。它非常清楚，自己必须去做些什么，但它做不到。它想不起该做什么了，那是一种模糊的想法。它对自己说："其他的鸟都在筑巢、孵卵、育崽。"于是它用头狠狠地撞笼子的栅栏，但笼子纹丝不动，它却被撞得生疼。

"真是只闲得发疯的鸟啊！"一只路过的鸟儿感叹地说。

但囚鸟没有死，而是继续活了下去。

可是，大迁徙的季节到了，它陷入了巨大的忧伤之中。它的主人说："它在笼中应有尽有，什么都不需要。"但它望向笼外，看着乌云密布的天空，内心深处强烈地反抗着命运。

我被关在笼子里！我被关在笼子里啊！而你却说我什么都不需要！你这个白痴！是啊，我什么都有，唯独没有自由。请给我自由吧，请让我像其他鸟儿一样自由自在吧。我知道，囚鸟会有获释的一天，尽管那一天遥遥无期。被败坏的名声、贫穷、恶劣的环境、不幸，这些都会将你变成囚徒。有时候说不准是什么束缚了自己、禁闭了自己、埋葬了自己，但却又能真切地感受到那些栅栏。这一切都是幻觉、是想象吗？

上帝啊，这一切还要持续多久？

这封信想到哪儿写到哪儿，希望你不要见怪。

在想象中同你握手。

你的

文森特

1880 年 7 月

6

囚　鸟

文森特独自坐在铃鼓咖啡馆角落的位置，用炭笔在速写本上画着什么。

"再来一杯吗？"老板娘指了指他面前的空酒杯。

他拍了拍上衣口袋，摊开双手，摇了摇头。

"这杯算我的好了。"老板娘给文森特倒了小半杯波本，顺理成章地坐到了他的身边，顺势从自己的胸衣里掏出一根烟。

文森特合起速写本，划亮了一根火柴，老板娘熟练地伸手遮住火光，纤细的手指抚摩着文森特的手背。一缕烟从她的指缝中飘了出来，她轻轻地拍了拍他的手背，他将火柴甩灭，丢在桌上的烟灰缸里。

老板娘贪婪地吸了一口，她抽烟的样子和"优雅的女士"完全沾不上边，倒像是个刚上岸的水手。

"你的那些朋友呢？"老板娘眯着眼睛。

"这个点……"文森特下意识地抬起手腕，才想起来手表早就被他给卖了，他自嘲地笑了笑，看着空空的手腕装腔作势地说，"他们应该还在上课。"

老板娘歇斯底里地大笑起来："别闹！"她伸手握住文森特的手腕，"那你怎么没跟他们一块儿上课？"

"我提前毕业了。"

"哎哟……你原来是个天才呀！"她放开文森特的手又顺势摸了摸他的脸，她总能把调情的动作做得那么自然。

"他们还在柯莫老爷子的画室上课吗？"老板娘问。

"你还知道柯莫先生？"

"那可不！我还做过他的模特呢！"老板娘自豪地说，"我在他的画里客串一对吉卜赛乳房。"她托了托自己的胸部，"这玩意儿还被选进沙龙了呢！"

"我敢肯定，他们一定是因为……"文森特看了看她的胸部，"才选中的那幅画。"

"我觉得也是。唉！我年轻的时候，你都想象不到那帮画家为我争风吃醋的样子。啧啧啧……"

"你现在依然很迷人。"

"哎哟，真会说话！"她又摸了摸文森特的脸，满脸惆怅地感慨道，"现在不行喽！人老色衰喽！"

这时，一个年轻女子忽然冲进咖啡馆。她头发蓬乱、面颊绯红，就好像刚从一场火灾中逃出来似的。

"怎么了，亲爱的？"老板娘斜眼瞧着姑娘，并没有站起来的打算。

姑娘气喘吁吁地站在门口，眼睛在屋子里扫了一圈，只看到文森特和老板娘两个人，顿时显得有些失望。

老板娘气定神闲地抽着烟："要喝点什么吗？"依然没有站起来的打算。

"请问……洛特雷克来过吗？"姑娘听起来气喘吁吁的。

"这个点……"老板娘看了看自己没戴手表的手腕，"他要么在上课……要么就是在女人的被窝里。"

"谁？哪个女人？！"

"这我怎么知道，亲爱的。那帮臭男人不都这样吗！"老板娘说着捏了捏文森特的脸，"不是说你，亲爱的。"

姑娘将散落的头发捋到耳朵后面，努力保持镇静，说了声谢谢，转身推门出去了。

"你这又是何必呢。"

文森特透过窗户看着姑娘失魂落魄的背影，想起身去安慰她几句，但刚一站起来就被老板娘拽回椅子上。

"傻瓜，劝你别蹚这浑水。"

"可我认识洛特雷克，他是……"

"谁不认识洛特雷克！"老板娘打断文森特，"蒙马特第一花花公子，每年被他甩掉的姑娘比你一辈子见到的都多，这个……"她朝门外的姑娘白了一眼，"肯定又是个牺牲品。"

"那也没必要说那种话来刺激她吧。"

老板娘嘴里轻轻叨叨了一句,听起来像"这帮傻男人"。

"你说什么?"

"我那是在帮她!"她瞪着她的大眼睛说道。

"帮她?"

老板娘不知又从哪儿掏出一根烟,用手指夹着举在脸颊旁。文森特像被施了咒语似的,又划着了一根火柴帮她点上。她用纤细的手指拍拍文森特的手背,呼出一缕长长的白烟,感慨道:"这小姑娘跟我年轻时一模一样。"

"你说长相?"文森特甩着火柴。

"开什么玩笑!她有沙龙级别的吗?"老板娘甩了甩自己的胸部。

这正是老板娘最让人着迷的地方,她总能分辨出文森特什么时候是在开玩笑,那些年轻姑娘可做不到这一点。

"不过她跟我年轻时真的很像。"老板娘又重申了一遍她的观点,让它听起来更可信,"她知道自己长得漂亮,以为靠那张脸蛋就能轻松地混进上流圈子。"她摇了摇头,"但很快她就会发现,这些都是假象,都是那些臭男人制造出来的假象。"她轻轻吸了口烟,"当然,她也可能永远都发现不了。所以就需要像我这样的'过来人'去把她点醒。"

"活在梦里不也挺好的。"

"好什么好？我见过太多这样的小姑娘了。年轻的时候，被你们这帮画画的用花言巧语哄得云里雾里的，以为自己真的是维纳斯下凡。等年纪大了，却被当成了美杜莎，躲都来不及。这种事我见得太多了……"老板娘说这番话时就像个饱经沧桑的智者，"太多小姑娘最终接受不了，发疯、自残、自杀……哼，我见得多了！"说完又吐出一缕长长的白烟。

文森特点了点头，又马上摇了摇头："你说得有道理，但有一点我不是特别赞成。"

"什么？"

"画家圈子和上流圈子有什么关系？"

"啊！那些小姑娘懂什么啊！"老板娘搭着文森特的肩膀，"我告诉你，这种混艺术圈的小姑娘，大多都出身贫寒，她们小时候接触的都是农民和铁匠的孩子，在她们的认知里，能把孩子送去学画画的家庭，那就是有钱人的家庭了。"

"看来像我这样的穷鬼画家，还真是少数。"

"哎哟！我又不问你借钱，干吗在这里哭穷啊！"老板娘拍了下文森特的肩膀，"我告诉你，整天跟你们这帮画家混在一起的小姑娘，脑子都会变得不大正常。"

"为什么？"

"因为老被你们这种人催眠啊！说她是缪斯咯，灵感女神咯！"老板娘夹着香烟的手在空中来回晃着，就像炼金术士在施魔法，"小姑娘哪里懂这些，还以为自己的美貌真的能激发创作灵感，唉！到我这个年纪就懂了，那些鬼话就是用来骗她们上床的！"

"那些鬼话真的有用吗？"

"当然有用喽，尤其是对那种涉世未深的小姑娘。"

文森特拿起桌上的速写本："那我要记下来。"

"去去去……"她夺过速写本，又轻轻打了一下文森特，指指自己说，"到了我这个年纪就知道了，什么爱情啦、灵感啦，都是狗屁，到最后还不得靠自己！你们这帮画家……"她狠狠地指了指文森特的鼻子，"没一个靠得住！"

文森特环视一圈空荡荡的咖啡馆："但，你这咖啡馆，不还得靠这帮靠不住的画家吗？"

"这可不一样！我现在这叫自食其力！"

"那你能再送我一杯酒吗？"文森特将不知道什么时候喝空的玻璃杯子往老板娘的方向挪了挪。

"没问题！"老板娘拿起酒瓶，"记在你弟弟的账上就行。"

"那还是算了。"他伸手盖住酒杯。

"哎哟！我开玩笑的。"老板娘夺过酒杯，边倒边说，"你呀，以后留几幅画给我就行了。"

"你要多少都行。"文森特接过酒杯一口干掉，"但我的画可不值钱。"

"那可不一定。说不定你哪天出名了呢。"老板娘又给文森特倒了半杯，"你出名了别忘记我就行。"

"当然不会！"

"哎哟！话可别说得那么早。"

老板娘回头看了看身后，压低嗓音说："就刚才那个小姑娘，她以前就是雷诺阿的缪斯。"她说缪斯的时候像是在说什么肮脏的字眼似的，"现在雷诺阿出名了，不还是把她给甩了？"

"你误会了，"文森特摇着头，"我可没说我出名了不会忘记你，而是说我不可能出名。"

"哎哟！你那帮朋友一天到晚说你是他们中画得最好的一个，我又不是聋子。"

文森特笑了笑，不置可否。

老板娘似乎只对八卦话题感兴趣："对了，那个洛特雷克真像他们说的那么有钱吗？"

文森特皱了皱眉："怎么？你又不想自食其力了？"

"哎哟！那也要他看得上我啊！唉……"她用手背拍了拍文森特的手臂，"听说他还是个贵族？"

"你听谁说的？"

"你不知道吗？看他那么长的名字就知道了。法国贵族的名字——趣长越尊贵。"

"洛特雷克……很长吗？"

"这又不是他的全名，他全名叫亨利·马里·雷蒙·德·图卢兹 – 洛特雷克 – 蒙法。"

文森特把眼睛瞪到最大，看着老板娘，仿佛她刚刚生吞了一个法国贵族。老板娘也睁大眼睛，对着他一个劲儿地点头："怎么样？我就说很长嘛。"

"你实在是让我刮目相看。"文森特赞叹道。

"只可惜他的腿有点短，不过上帝还是公平的。"老板娘点了点头，觉得自己这话说得太有道理了。

"他有侏儒症。"文森特有点听不下去，"你这样说残疾人不太礼貌吧？"

"他绝对不是侏儒症！你肯定没见过真正的侏儒，他们的手指都短得要命。"她欣赏着自己纤细的手指，"但他的手指却很长，事实上他整个上半身都很正常，问题就出在他的腿上。"

"不管怎么样，"文森特摇了摇头，"我还是不想在背后谈论别人的生理缺陷。"

但老板娘并不在乎文森特不想怎么样："那有什么关系，全巴黎都知道关于他腿的故事，难道你不知道吗？"

文森特摇摇头，一脸"我为什么要知道"的表情。

老板娘点点头，一脸"我不管你想不想听，反正我要告诉你"的表情。

她用手挡住嘴，仿佛这样就能给接下来说出的话加密一样。

"据说那是流传于法国贵族间的古老仪式，从路易十四的年代就流传下来了。"她故意压低嗓音制造神秘气氛，"就跟我们小时候受洗差不多，他们小时候，父母会给他们喝一种神秘的药水，目的就是……"

"把腿变短？"文森特忍不住笑了出来。

"我没开玩笑！"老板娘一脸严肃，"这种药水的作用就是让那里……嘣！"她的食指一下弹了起来，"但副作用就是腿有可能变短。"她说完看了看文森特，发现他依旧一脸茫然，又弹了一下食指，同时配上音效，"嘣！"

"嘣？"文森特学着老板娘的动作竖起食指，"哪里嘣了？"

老板娘翻了个大大的白眼："我的圣母马利亚！你连这都听不懂？就是那里！你们男人最重要的……"她拍了拍他的裤裆。

文森特吓了一跳："你说的是他的那里……嘣？"他又弹了一遍食指。

又是一个大白眼，接着她抓住他的食指，按了下去，顺手将他的中指掰了出来。

文森特看看自己竖着的中指，看看她……她瞪着眼睛意味深长地点了点头。

"我有好几个姐妹都认识他，她们都说这是真的。"

"真的……嘣了？"

老板娘在文森特肩膀上打了一下，哈哈大笑说："你知道她们给他取了什么绰号吗？"

"什么？"

她左顾右盼地把脸凑到文森特耳边，一字一顿地说："三！条！腿！"

紧接着是一阵狂笑。

"我的天！你怎么什么都知道？！"

"那可不！老娘的人脉遍布整个巴黎！"

文森特看着空荡荡的咖啡馆："如果你能把十分之一的精力放在咖啡店的经营上……"

老板娘依旧絮絮叨叨地说个不停，但文森特此刻的注意力却被一只小鸟吸引去了，它小得出奇，比飞蛾大不了多少，正在咖啡馆的玻璃窗上扑腾。它朝着玻璃窗上撞了几下，忽然，穿过玻璃窗飞到了街上……

文森特几乎不敢相信自己的眼睛。

当他望向窗外时，正好看到刚才那个姑娘走了过去，经过窗户时还朝里面张望了一下。

她失魂落魄的样子让他想起几年前的自己——苦恋表姐的那段日子里，他也像丢了魂似的，成天在她窗外徘徊，现在想起来心口还有些隐隐作痛。

"你认识那个姑娘？"文森特打断不知在絮叨啥的老

板娘。

"谁？"

"就刚才经过的那个。"文森特指着窗外。

"认识啊！整个巴黎就没有我不认识的姑娘。"

"她叫什么？"

"你说哪个？"

"你不是说认识吗！"

"我又没看到你指的是谁。"

"就是刚才进来找洛特雷克的那个，雷诺阿的缪斯……"

"哦！你说那个马戏团的小姐啊。"

"什么马戏团？"

"你没听说过？整个巴黎都知道她啊！"

文森特摇了摇头，想不通为什么她总能把问题上升到
"整个巴黎"的高度。

"是的，我没听说过她。"

"啧啧啧……不过这也难怪，她混的圈子跟你不一样。"
老板娘说，"她只跟那群公子混，听说之前还做过那个澳洲
佬的女朋友。"

"约翰·拉塞尔？"

"不然还有谁！你在整个巴黎还认识其他澳洲佬吗？据
说他家里特别有钱，好像在悉尼有个矿山……"

"等等，"文森特打断她，"难道她就是那个'巴黎最美

的女人'？"他想起朋友们总拿澳洲佬的女朋友开玩笑，却从没见过她。

"我不觉得她有那么美……"老板娘不屑一顾地说，"我年轻时可比她……你上哪儿去？"

这时文森特已经戴上草帽走到了门口。

"我去追一只鸟。"

"什么鸟？"

"对了！"他推开门又转过身问，"那个马戏团的姑娘叫什么？"

"嗯……盖比？他们好像都这么叫她。"

《坐在铃鼓咖啡馆里的女人》（ *Agostina Segatori in the Café du Tambourin* ），1887

亲爱的提奥：

我一直以来都在忍耐，我从未伤害过任何人。但亲爱的弟弟，我的耐心已经用完，一点都不剩，我再也坚持不下去了，我必须做出改变，即便这只是权宜之计。

我觉得我最好尽快去见这位乡下的医生，我可以将行李留在车站，然后就动身去医生所在的那个镇子，到那里之后，我可以先住在旅馆里。

你永远的

文森特

7

疯　子

　　提奥轻轻地关上门，走下楼时，看到加歇医生正在楼梯口来回踱步。

　　加歇医生迎了上来："提奥先生……"

　　"抱歉。"提奥挥手打断加歇，径直走向墙角，紧紧攥着拳头。

　　土豆老板疑惑不解地看看加歇医生，医生摆了摆手让他不要过去。

　　三个人就这样沉默不语地站在拉乌旅馆的大堂，像在欣赏旅馆开裂的墙壁。足足过了1分钟，提奥吸了吸鼻子，从上衣口袋拿出手帕在脸上胡乱擦了擦，转过身时已是两眼通红。

　　"抱歉，医生……"

　　加歇医生微笑着摇了摇头，邀请提奥到吧台坐下，自己坐在了他的身边。

"拉乌先生，给我们来点喝的吧。"医生对土豆老板说。

"没问题！"总算找到事做了的土豆老板兴奋地跳了一下，"喝点什么呢？"没等对方回答，他就说道，"您可别看我这店小，我敢说这儿的藏酒绝对不比巴黎任何一家酒馆的差。您是第一次来吧？对！"又是自问自答，"您可能不太了解……"他压低声音，"我这儿有城里喝不着的私酿酒，一般只招待熟人。"

加歇医生耐心地听完土豆老板的一连串自我对白，一直保持着微笑："行，就给我们来点您的私酿吧。"

土豆老板从吧台后面的酒柜里拿出一瓶看起来像咳嗽药水的液体，又拿出两个玻璃杯，分别往里面倒了一点，满脸期待地盯着他们。提奥接过酒杯一口干了，表情像吞了一口浓硫酸一样痛苦。医生见状小心翼翼地拿起酒杯闻了闻，露出一副刚刚给病人做完尿液取样的表情，毕恭毕敬地将酒杯放回吧台。

"再来点吗？"土豆老板对提奥做出一个加酒的动作。

提奥闭着眼睛，还没从刚才的暴击中缓过来，却将手里的空酒杯朝土豆老板推了推。

老板又给他斟了一满杯。

又是一口闷掉，"啪"的一声将空杯放回老板面前。

"再来点。"提奥咬牙切齿地说。

"悠着点。"加歇医生伸手按住了老板手中的瓶子，转身问提奥，"您哥哥的情况如何？"

提奥闭着眼睛摇了摇头："这次可能真的熬不过去了。"他抬头望着加歇医生，红肿的双眼像是在祈求，祈求加歇医生能给他一个答案，"怎么会那么严重？"

加歇医生摇了摇头："我确实也没想到。他现在怎么样？"

提奥失望地低下了头："他睡了。"忽然又抬起头，"医生，您听说过一个叫盖比的女孩吗？"

医生想了想，摇头道："没有，她是谁？"

"是啊……她是谁呢？"提奥目光呆滞地望着前方，像是在自言自语，"为什么？我实在想不通他为什么要这么做！"

"我完全理解您的感受。"加歇医生拍了拍提奥的肩膀，"但事情已经发生了，我们当务之急是……"

"我不明白，医生！我实在是不明白为什么！"提奥反复搓揉着双手。

"提奥先生，我知道现在重申这个事实有些不合时宜，但是……"加歇医生叹了口气，"您兄长一直患有精神疾病。这不正是您送他来我这儿的原因吗？"

"我知道，这我当然知道。但他来这儿之后恢复得很好啊。"

"我尽了最大努力来稳定您兄长的病情，"加歇医生无可奈何地说，"但病情往往会反复，这也是很……"

"我只是想不通为什么！医生，所有事情都在往好的方向发展啊！"

"所有事情？您是指……"医生用右手托着下巴，这是他进入工作状态的习惯动作。

"事业、朋友，还有……"提奥顿了顿，垂下了头，"还有家人。"

加歇医生目不转睛地审视着提奥的一举一动，多年的临床经验让他练就了一双"火眼金睛"，仿佛能够轻易地看穿病人的内心世界。

"他之前和家人的关系不好吗？"他用沉着冷静的语气问道。

"他从没跟您聊起过吗？"

"有时会提到那么一两句，"医生用小拇指捋着自己红色的胡须，"但我很想听听，从您的角度如何看待他与家人的关系。"

提奥左手撑着额头，将手指插入头发里。

"现在说这些还有什么意义吗？"

医生依旧托着下巴，用小指捋着胡须。

"其实，我和您一样好奇，他的病情为何会在一夜间急转直下。"

"您也这么觉得？"提奥瞪大眼睛望着医生。

"恐怕是的，提奥先生。他的行为确实有些反常……我是说，出乎我的意料。"医生的语气冷静而温暖，"不得不承认，作为他的医生，这是我的失职。"

提奥摇摇头。

"说说吧。"医生又鼓励道。

提奥转着吧台上的空酒杯，抬头看了看满脸好奇的土豆老板。

加歇医生立刻心领神会："亚瑟先生，您不介意的话，能让我和提奥先生单独聊聊吗？"

"啊？可是……我……"土豆老板还以为没人注意到他，正嬉皮笑脸地准备看热闹，但他显然低估了自己体形的显眼程度。

"如果您不介意的话。"加歇医生又重复了一遍，用一种让人无法拒绝的权威语气，拉乌旅馆在这一秒仿佛忽然变成了他的诊所。

"妈的，刚才不让我在楼梯上待着，现在连吧台也不能待了，搞不懂这是谁的店……"老板嘴里骂骂咧咧的，但身体却乖乖地走出大门，坐在门廊上抽起闷烟来。

……

目送土豆老板出门后，提奥问医生："文森特真的是个疯子吗？"

"您这话是什么意思？"加歇医生的神情有些慌张。

提奥似乎也对自己的想法没多大把握，断断续续地说：
"我是说，有没有可能，不是他疯了，而是我们太正常了？"

"抱歉，我还是不能理解您的意思。"

提奥盯着手中的空酒杯："当哥白尼提出日心说的时候，
人们也觉得他是个疯子。我的意思是，也许我们只是不理
解他的行为，并不代表他就一定是个疯子。"

"我懂了……"医生点了点头，"但我们不能用历史上
的特例来解释所有遇到的事情。"他在"特例"这个词上用
了重音。

"那也许文森特就是那个特例呢？也许多年后人们会意
识到他其实是个天才，也许……"

加歇医生伸手拍了拍提奥的肩膀："我不得不打断您，
提奥先生。我从事精神病研究那么多年，有一点我可以向
您保证，我绝不会胡乱给任何人扣帽子。但我毕竟不是法医，
不可能掀开病人的头盖骨，指着大脑上某根神经兮兮的血
管告诉您：这就是他疯狂的根源。"

提奥并没有被加歇医生的俏皮话逗笑，依旧面无表情
地盯着手中的空酒杯。

加歇医生继续说道："我能做的，只是尽可能地搜集'间
接证据'，比如遗传病史。"他说到这里顿了顿，用试探的
口气问，"听说，您的家族中出现过类似的疯病？"

提奥点点头："嗯，我的姨妈和舅舅……"

医生也跟着点了点头："除此之外，童年经历也会对一个人的精神状况产生巨大影响，还有不健康的生活习惯，比如酗酒。据我所知，文森特一直……"

"医生，"提奥打断加歇医生，"您见过天才吗？"

医生一时不知如何回答："呃……您是指哪方面的天才？"

"各方面。"提奥说，"就像人们常说的那种——神童？不……"提奥摇了摇头，"像是神话故事里的先知，各方面都超越常人的那种。"

"您是说，文森特是个先知？"医生的语气听起来有一丝嘲讽的味道，但他的专业素养并没有让这种嘲讽反映在他的脸上。

提奥斩钉截铁地说："没错，文森特是个天才。"

"好吧。"在这种情况下反驳没有任何意义，加歇医生干脆顺着他问，"那么，什么事让您觉得文森特是个天才？"

提奥长吁了一口气，像是在发表重要讲话前让自己先冷静下来。

"我们出生在一个叫津德尔特的小镇，小到您都很难在地图上找到它。镇上只有一条柏油路，还是拿破仑时代修的。镇上来来回回一共就几百个人，干的职业也千篇一律，不是放羊的就是种地的。镇上的小孩玩的游戏也都差不多，无非就是抓虫子、玩玻璃弹子。文森特十分精通这些，他知道格罗特比克河床边的每一个虫洞。"提奥面带微笑，仿佛回到了童年。

"我现在还记得他捉虫子的样子，那时我们才十几岁，怎么一下子变得这么老了？"

他摇摇头，微笑变成了苦笑。

"您还很年轻。"医生拍了拍他的肩膀，将满脸的皱纹挤到了一起。

提奥又摇了摇头。

"但文森特和一般乡下孩子不同，他会给捉来的虫子取名字。为了命名，他居然自学了拉丁语，那时他才十几岁。"

"兴趣确实会激发人的探索欲。"医生不紧不慢地附和。

"长大一些，他又迷上了看小说，他有个习惯，当他对某个作家开始感兴趣时，会慢慢地把他的作品囤积起来，然后用一天时间一口气看完。我说的不是一两本，而是一天看十几本书！"

"他真的看进去了吗？"

"何止看进去了，"提奥瞪着医生，"他看一遍就能全都背出来！"

"您是说，他有过目不忘的能力？"

"他总是像这样……"提奥仰起头，双手捏拳举在空中，仿佛拿着一本隐形的小说，"就像这样躺在干草堆上，一页一页地翻，快得就好像每页只有一个字似的。"

"有些人看书确实很快。"

"不光是快，医生。他能背出来！"提奥点了点头，仿佛这样就能增强可信度，"我当时觉得他就是在我面前装样子，后来冷不丁地考了考他。"他又在空中翻开那本隐形的书，"随便念一句，真的，就是随便挑一句话念出来，他都能把下半句给接上。我一连试了好几回，简直就像变魔术一样！"

加歇医生没有接话，他的表情依旧镇定、专业……他开始像审视病人似的看着提奥，面前这个人眼圈泛红，看起来很疲惫，但并不像个信口雌黄的家伙。

"您父母知道这些事吗？"

"父母？"提奥显得有些扬扬得意，"整个小镇都知道我们家出了个神童，一个会六种语言的神童！"

"可为什么从没听文森特提起过？"

提奥的目光移回到桌上的玻璃杯上，好像在看一只水晶球。

"他骨子里觉得……这很丢人。"

"丢人？因为聪明而觉得丢人？"

"我以前也不理解，但是现在懂了。"提奥捏着玻璃杯，"知道自己与众不同，其实是件很痛苦的事情。"他抬头想了想，继续说道，"文森特小的时候，没有一所学校能容得下他，因为他不知道如何跟那些'普通人'相处。在不停遭受挫折之后，他开始酗酒，我猜那是因为酒精能够减缓大脑的运作速度，只有这样，他才能像个正常人一样与人交流。"

"这我确实是头一回听说……"加歇医生略带调侃地说道，"居然有人用酒精来维持大脑'正常'运作。"

"很不可思议吧？但如果这么想的话，许多事情反而变得好理解了，不是吗？"

"比如说呢？"

"为什么一个那么聪明的人会一直被学校退学？为什么在深入研究《圣经》之后反而开始厌恶宗教？为什么他总是那么不合群？"

"对不起，提奥先生，我不得不打断您。"加歇医生用指尖轻轻碰了碰提奥的手臂，"我从医多年，见过许多病人……和病人家属。"说到这里他看了看提奥，"他们唯一的共同点是，没有一个人觉得自己有病。原因很简单，他们都能够自圆其说。给您讲个故事吧……"

他将自己的酒杯移到一边，把胳膊搁在吧台上："我曾遇到过一个整天盯着石头看的人。我向您保证，他不盯着石头时，完全就是一个正常人。于是我便问他为什么那么做，他的回答似乎很符合逻辑。他说，这块石头，从远古时期到现在一直没动过，而人类在它面前一代又一代更迭，你有没有想过，其实它也有生命？"

"谁？那块石头？"

"是的。"医生点点头，"他认为那块石头有生命，只不过比人类的生命长很多很多……对于石头而言，一个人的一生就是一闪而过。这就是他待在石头前一动不动的原因。他觉得，如果能在它面前待得久一点，或许它就能看见他，这样他们就可以对话，问问它这一生的所见所闻。"

提奥越听越觉得不可思议，但又不知道该说些什么。

"我当时也是您这个表情，提奥先生。听起来逻辑严丝合缝，不是吗？但您能因此就说他不是个疯子吗？"

提奥叹了口气，摇了摇头。

"我行医那么多年，确实也曾动摇过，就跟您现在一样，怀疑所有科学不能解释的事情，甚至怀疑过自己的职业。"

医生如释重负地喘了口气，像个看透一切的僧侣。

"每个病人的脑子里都有一套能够自圆其说的逻辑，而他们就因为相信了这套逻辑，才会变得……与众不同。"

他停顿了一下，看了看提奥，接着说道："我也像您一样怀疑，他们究竟是疯子还是天才？但这种问题并不是我应该思考的，因为这属于哲学范畴，而不是医学，不是吗？不管怎么说，假使有人告诉我这个世界上其实没有精神病，只有不被人理解的天才，那作为一个精神病医生，我首先就接受不了。"

加歇医生说话时,全程一直保持着微笑,眼神异常坚定。

提奥张开嘴,但却不知道该说些什么,他笑着点了点头:"那文森特的病,已是板上钉钉的事实了?"

"其实您的心里早就有答案了,不是吗?"加歇医生依旧保持微笑,"不然也不会把他送到我这儿来。"

"抱歉,打扰了……"

一个清脆的声音从门口飘了进来。

提奥朝声音的方向望去,一个美丽的少女站在门口,身穿白色的连衣裙。

他看了她一眼,揉了揉眼睛,眯起眼睛又瞧了一会儿,脱口而出:

"盖比?"

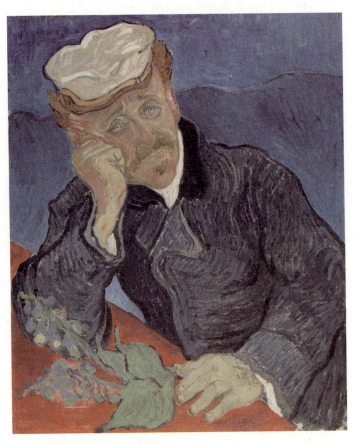

《加歇医生》（*Portrait of Dr. Gachet*），1890

亲爱的提奥：

我必须告诉你一件事，倘若我将这件事憋在心里，我一定会发疯的。

我爱上了凯·福斯。是的。虽然我得到的回答是"不！不行！绝对不行"，但我并不打算放弃。你有没有体会过爱情的滋味？但愿你有过，因为即便是爱情中的"小痛苦"也是有价值的。你有时会陷入绝望，有时会感到如坠地狱，但爱情中也存在美妙的东西。

不幸的是，我的爱情从来就没得到过任何人的祝福。

老伙计，去恋爱吧，告诉我你的感受。如果你也坠入了爱河，并且得到了"不！不行！绝对不行"的答复，千万不要就此放弃（但你小子的运气很好，但愿你不会遇到这样的事情）。

你可以理解我的，对吧？

可父亲不行。我想他永远不会理解我的感受。虽然我反复地、严肃地、耐心地、真诚地向他解释，但他不仅骂我，还想把我送到精神病院去。作为男人，有些事情是不能忍的。如果有人说"你疯了"，只要你的感情还没有麻木，你就会愤然反驳。我当时确实对父亲说了些狠话。我很清楚，有时我无法压抑心头的愤怒，但如果你不断听到别人说"你疯了"时，你怎么可能保持冷静？倘若我必须隐藏自己的爱，不能按内心行事，那上帝对我来说也是全无意义的。

在想象中同你握手。早日回信。

你永远的

文森特

8

蒙马特公墓

文森特走出铃鼓咖啡馆，顺着盖比经过的方向追了上去。过了一条街，在转角处看到了她的背影。她走得很慢，文森特也放慢了脚步，与她保持着一段距离。

他也不清楚自己为什么要跟出来，更没想好要和她说些什么，才不会让她觉得自己是个变态。

她的背影很迷人，腰也很迷人，扭动得恰到好处……"变态！"文森特揍了自己一拳，逼自己把目光从她腰上移开。

没走多久，到了蒙马特公墓的门口。

她在墓园门口停了下来，看了看自己的肩膀，接着毫不迟疑地走进了墓园。

此时的巴黎已经入秋，天黑得比平时早一些。墓园里的空气仿佛也比街道上更冷一些，秋风吹得树叶沙沙作响。

盖比忽然加快了脚步——几乎是在小跑。她一定是发现自己了，文森特心想，得追上去跟她解释一下，虽然他根本就不知道该怎么解释。于是，他依旧与她保持着一段距离，同时思考着要用什么措辞来开场。

这个场景看起来还挺诡异的：一男一女，一前一后，在墓园里一声不吭地小跑。

快到墓园中心的时候，盖比忽然停下脚步，站在原地一动不动。文森特吓了一跳，也跟着停了下来。这时天色几近昏暗，她的背影变得模糊起来，他像个在大雾中迷航的水手，眯起眼睛张望着。

"她好像变大了？她真的在变大！老天！她过来了！"

只见盖比径直走向文森特，迎面的微风带着一阵淡淡的杏花的清香。文森特下意识地向后退了两步，避免盖比撞到他的鼻子，或者一个巴掌甩在他的脸上。

"你在跟踪我吗？"

她强作镇定，但嘴唇有些颤抖。

文森特挠了挠脸："呃……对。"

"对？"

"对，我是在跟踪你。"

她显然没有料到文森特会这么诚实，伸手按着领口往后退了半步。

"你……你要伤害我吗？"

"伤害你？我都不认识你。"

"我叫盖布里埃尔……"她说完又往后退了半步，仿佛刚刚用脚尖戳了一下一条躺在地上不知死活的老狗。

"你好，我叫梵高。"

文森特脱下草帽，露出他红色的头发。

"嘿！我见过你……"

"我想是的……"文森特竖起大拇指向身后甩了甩，"刚才在铃鼓……"

"想起来了！"她指着文森特，"你是刚才坐在意大利女人旁边的……那个！"

"没错，我就是……那个。"文森特点了点头。

盖比如释重负地喘了口气，仿佛刚刚憋气游了 1000 米。

"我还以为你是变态杀人魔哩。"

"哇哦……"文森特笑着戴上草帽，"那你可高估我了……"他若有所思地皱起了眉头，"不过，变态杀人魔才不去铃鼓咖啡馆呢，不是吗？"

"只有画家才去那儿。"盖比耸了耸肩，"画家能有什么杀伤力？"

她被自己的话逗笑了，笑声清脆悦耳，文森特心想她唱歌一定会很好听。

"那你干吗要跟踪我？梵……"

"梵高。"

"你想睡我，对吗？"

她说这话的表情就跟谈论天气一样自然。

文森特一时不知该如何回答，他还从没被问过这种问题，心想即使"劳动妇女"也不会这么直接。随即他就意识到这一定是个陷阱。自己刚在她面前勇敢大方地承认自己是个跟踪狂，紧接着再承认自己想睡她？这可不是一个聪明的举动，这么做的话她很可能会叫警察。

"不！当然没有！为什么你会这么问？"文森特一脸坚定。盖比仰着头，打量着面前这个红发大高个，绿色的眼珠在眼眶中不停地打转。文森特觉得自己此刻就像一尊全裸的古罗马雕塑，而她身上散发出的淡淡的杏花香，又让他觉得做雕塑也未必是件坏事。

"啧啧啧……都写在脸上了。"她双手抱在胸前，表情活像个在给"下流癌"晚期患者下最终诊断的外科大夫。

"什么都写在脸上了？"文森特摸了摸自己的脸。

"你是不是想让我做你的模特？"盖比嘟着嘴，斜眼瞧着他。

"那倒没有……我是说……如果你愿意的话……当然也行。"

"我就知道！"盖比翻了个白眼，"画家都一个德行！"

文森特不知道自己又说错了什么，但以他对"女人"这种生物的了解，这种情况下还是先住嘴为妙。

"小姐，愿不愿意做我的模特？"盖比拿腔拿调地模仿着男人的声音，或者说是模仿着她自以为的男人的声音。

"就没点儿新套路吗？"她翻了个白眼。

"什么套路？"

"邀请女孩做模特通常是画家的开场，然后再用'缪斯女神'那套来升华，还没等女孩反应过来，你就已经躺在女孩身边抽烟了。"她叉着腰，朝文森特探了探身子，"何不干脆把这些乱七八糟的勾搭省掉，直接进入正题呢？"

文森特点了点头，又马上摇头。

"没你说的那么快……"

"什么快？"

"你说还没反应过来我就在抽烟了？不不不……"文森特摇着头说，"我怎么可能那么快？而且……我习惯抽烟斗。"他掏出烟斗在盖比面前晃了晃。

盖比差点笑出来。如果光线不那么昏暗，或许可以看到她正在掐自己的胳膊。

"我能改一下口供吗？"文森特挠了挠脸。

"什么口供？"

"其实我并不是在跟踪你，"他耸了耸肩，随手指了指身边的一块墓碑，"我其实是来看望……玛格……玛格丽特太太的。"

他眯着眼睛，念着墓碑上的名字。

盖比终于还是没有绷住，扑哧笑出声来。她顺着文森特指的方向，看了看墓碑上雕着的那个慈祥的老妇人，道："不要在墓碑前开这种玩笑，实在太无聊了。"

"你说得对。"文森特脱下草帽，转过身毕恭毕敬地向墓碑鞠了个躬，"请原谅我的冒犯，玛格丽特夫……等等……"他朝墓碑跨了一步，弯着腰念道，"马戈特夫人。"

盖比捂着嘴转过身去，整个背都在抖。

"你也不用那么伤心，盖布里埃尔小姐。"文森特说，"毕竟，马戈特夫人已经过世63年了。"

她的背抖得更厉害了。

几秒钟后，她抹了抹眼睛，转过身对文森特说："行吧，那我就不打扰你和马戈特夫人了。"

说完刚想转身离开，一只乌鸦忽然从两人头顶嘶哑地叫着飞了过去，把文森特吓了一跳。他抬头朝那只乌鸦看了会儿，回过神来发觉盖比已经站到了他身边，手指紧紧地攥着他的袖子，把他的衣领都拉歪了。

"你干吗？"文森特看着盖比，"干吗脱我衣服？"

"梵……"

"高！"

盖比这次没有被他逗笑，手指依旧攥着他的袖子："作为一个绅士，你现在是不是应该送我走出这鬼地方？"

"好吧。"文森特耸了耸肩，朝墓碑上的老妇人雕塑说，

"再见，马戈特夫人。"

"够了！"她轻轻地打了他一下，拽着他往外走。

此时墓园已经一片漆黑，盖比从一只手攥着他的袖子，变成了两只手紧紧勾着他的手臂。墓园里格外安静，几乎能听到彼此的心跳声。

"盖布里埃尔小姐，"文森特说，"你既然那么害怕，为什么要进来？"

"你不跟踪我，我怎么会进来？"

"你是进来避难的？"

"我就是想看看你会不会真的跟进来。"她往文森特身上靠了靠，"但没想到你真的跟进来了，接着就不知道该怎么办了。"

"你早就发现我了，盖布里埃尔小姐？"

"早在两个街区外就发现了，对了，你可以叫我盖比，他们都这么叫。"

"我知道。"

"你知道？"

"呵呵……"文森特说，"我可能是全巴黎最后一个知道的。"

《阿涅尔的伏耶尔 - 阿根森公园入口》（*Entrance to the Voyer-d'Argenson Park at Asnieres*），1887

亲爱的提奥：

今天，我正在将我的画和习作装箱。有一幅画上的颜料已经开始剥落，洪水曾经一直涨到离"黄房子"很近的地方，雪上加霜的是，我住院期间房子里没有生过火，水和硝石都从墙壁渗出来了。

这对我是一个巨大的打击，因为不仅画室开不下去了，就连习作也被毁了。这些本是我最好的作品，我想你只要看上一眼就会明白，我的画室如果继续开下去会取得多么辉煌的成就。

现在，所有的一切都无法挽回，而我想创建可以长期维持的画室的愿望又是那么强烈，我在进行一场必输的战斗——我要保护自己，却无能为力。

如果有人将我送入疯人院，我也不会反抗。倘若没有你的友情，他们早就无情地逼我自杀了。而我是那么懦弱，肯定会自杀身亡。

我最终还是决定去圣雷米精神病院住至少 3 个月，唯一担心的是，听说那里不允许我在外面作画，被关起来我就作不了画，病也很难好，而且每个月还要交给他们 100 法郎。

要是他们只允许我在被监督的条件下作画怎么办，而且只能在疯人院里作画——上帝啊，花这笔钱到底值不值？

在想象中同你热烈地握手。

你永远的

文森特

1889.4.3

9

自 杀

"玛格丽特？你怎么来了？"加歇医生站起身来，对门口的少女说。

"这位是……"提奥从吧台椅上站了起来。

"我女儿，你们见过的。"

"晚上好，提奥先生。"少女双眼红肿，看起来像是刚哭过。

"实在抱歉，玛格丽特，我刚才没有认出来。"提奥微微鞠了一躬，"我还在你家吃过午餐呢，怪我眼拙。"

玛格丽特微笑着点了点头：" 是的，提奥先生，不过这不怪您，我们那天几乎没能说上话。"

她说完看着她的父亲，像是在等待他的指令。

"找我有事？"医生问道。

"我想看看文森特，可以吗？"

她说完看了看提奥，像是在用眼神征求他的同意。提奥则望向加歇医生，而加歇医生又用眼神把决定权抛给提奥。

　　"我想没问题吧。"提奥说。

　　医生闭着眼睛扬了扬眉毛："你同意的话，我当然没问题。"说完转向玛格丽特："我在这儿等你，亲爱的。"

　　提奥领着玛格丽特进入文森特的房间，他正闭着眼睛，一动不动地躺在床上。

　　谢天谢地，胸口还有起伏。

　　"看样子，他是睡着了。"

　　提奥转过头看了玛格丽特一眼，她竟捂着嘴哭了起来，这倒让他有些不知所措。他道："没事的，医生说只要熬过今晚就有希望。"

　　没想到她哭得更加伤心了，她转过身背对着提奥，背部不停地抽搐。提奥朝她伸出手，又缩了回来，看了看躺在床上的文森特，真希望他此刻能醒过来。

　　三人就这样——一个哭，一个睡，一个既不敢安慰哭的那个也不敢叫醒睡的那个，仿佛一出舞台剧，定格在这间 7 平方米的小房间里。

　　看样子，文森特不会马上醒过来，好在玛格丽特也并没有一直哭下去的打算，她抽泣了大约 5 分钟，频率逐渐变小。

"对不起，提奥先生，我失态了。"她用手绢擦着脸颊。

提奥摇了摇头表示理解。

"前两天还生龙活虎的一个人，怎么就突然变成了这样……"玛格丽特抽泣道。提奥又看了看床上干瘪的文森特，好像随时都会被那张床吞掉。玛格丽特似乎还有什么话要说，但话到嘴边又咽了回去。

"我该走了，提奥先生。我父亲还在等着呢。"

刚要开门却被提奥叫住："小姐！"

"什么事，提奥先生？"

提奥指着墙角的那幅画问："你认识画中的女子吗？"

玛格丽特朝那幅画看了一眼，事实上是扫了一眼，心事重重地摇了摇头，转身刚要推门，却又停了下来。

"提奥先生，"她右手捏着门把手，并没有回头，"我有件事想单独和您谈谈。"

"嗯，你说。"

"不能在这儿说。"她回过头，手依旧捏着门把手，"您能去镇上的教堂等我吗？"

"教堂？"

"是的，镇上就一座教堂，您出门右拐一直走就能看到，绝对不会错过的。"

提奥虽然觉得这听起来很不妥，但却无法抗拒真相对他的诱惑。她一定知道些什么，提奥心想。

"好的，你大概多久能到？"

"等我父亲睡了，我就出来，不会超过 1 个小时。"

……

奥威尔市政教堂是一座哥特式建筑，它具备所有哥特式建筑的特征——钟楼、花窗，一应俱全。夜晚的哥特式教堂总给人一种阴森恐怖的感觉，这也是文森特讨厌这类教堂的原因。

所幸当时正值盛夏，空气倒还算清新凉爽。

提奥在教堂的大门外来回踱步，皮鞋在石子路上发出咯吱的响声。他等了将近 1 个小时，就在他以为自己被放鸽子时，一个白色的身影出现在了石子路的另一头，她在昏暗的夜色中逐渐靠近。提奥迎了上去，在距离玛格丽特十步之外才看清她的脸，她气喘吁吁，显然是一路小跑过来的。

"抱歉……提奥先生……您等了很久吗？"

"没事，玛格丽特，你先歇一会儿。"

玛格丽特用手按着胸口，努力调整着呼吸，也可能是在为她接下来要说的话平复心情。

"提奥先生……"她深深吸了一口气，"您哥哥没疯。"

"你说什么？"

"您哥哥没疯！"

玛格丽特又重复了一遍，说完整个人如释重负地松了口气，但只持续了 1 秒钟立马又紧绷了。

"你怎么知道的？"提奥的语气有些疑惑。

"父亲亲口说的。"

"对你说的？"

"不，他打电话时我不小心听到的。"

"打电话？跟谁打电话？"

"应该是个画商，具体是谁……我也不太清楚。"

"怎么说的？"

"他说，文森特没病，即使以前有，现在也已经好了。"

提奥盯着玛格丽特的眼睛，她的眉眼和加歇医生很像，但却没有那种能够看穿人灵魂的目光，而是充满了年轻人的稚气。

"可你父亲并不是这么对我说的。"

"他不会这么对您说……"她顿了顿，双手捂着脸自言自语道，"天哪，我都在说些什么呀。"

"他为什么要骗我？"提奥提高了声音，"为了钱吗？为了医药费？"

"不，不是为了钱。"玛格丽特眉头微蹙，虽然一直不敢直视提奥，但不知道怎的，提奥觉得她并没有说谎。

其实提奥自己也觉得不太对，他见过加歇医生的房子，可能是整个奥威尔最大的，虽然没有仔细参观，但随便瞥了几眼就看见好几件顶级艺术品。当时他也没多想，但确实在心里嘀咕了几句："原来做精神病医生这么赚钱。"

"那究竟是为了什么？"提奥问。

"我想，文森特的……行为……与我父亲有关。"

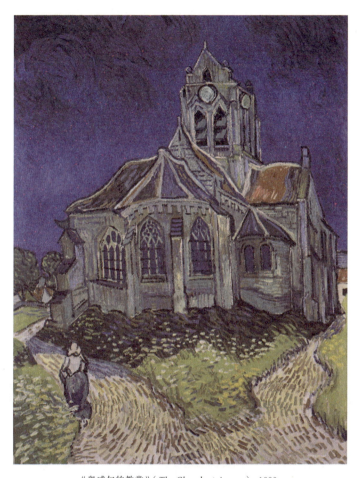

《奥威尔的教堂》（*The Church at Auvers*），1890

亲爱的提奥：

　　你还记得吗？当初我在巴黎开始作画的时候，我有充足的画布，唐吉也对我很好。实际上，他至今仍然对我很好，但他的巫婆老婆发现了他在资助我们这批穷画家，抱怨颇多。所以我好好教训了她一顿，我说，如果我们不再从他那里买东西，那都是她的错。他老婆明智地闭上了嘴。就算我对他老婆出言不逊，他也照样不会拒绝我的任何请求。不过有他老婆作梗，我工作起来也不容易。

　　对了，我去过铃鼓了，我想如果我不去，她会认为是我没胆量。所以我去了，并且重新找回了内心的平静。

　　在想象中同你握手。

　　　　　　　　　　　　　　　　　　你永远的

　　　　　　　　　　　　　　　　　　文森特

10

只会抄袭的垃圾

3分钟，可长可短。虽然怎么都是180秒，但被"巴黎第一美女"挽着漫步，和挽着"跟踪狂"在墓园里走，不可能一样。

文森特独自站在甘尼龙大街的煤油路灯下，一只跟飞蛾差不多大的小鸟啪啪地撞着灯罩。刚才的一切就好像是一晃神的工夫发生的，又好像是时间线出现了断层，断层的一头，盖比正挽着文森特走出墓园，而另一头，文森特独自站在墓园外的路灯下，看着一只小鸟啪啪地撞着灯罩。盖比已经不知去向，文森特甚至想不起她是什么时候离开的，有没有跟他道别。只有袖口残留的杏花香味提醒着他，刚才的一切确实发生过。

他站在路口左右张望，确认了一下自己所在的位置。向前直走是澳洲佬的画室，向左走两个街区是洛特雷克的画室。他可能是"整个巴黎"唯一没有自己画室的画家，提奥曾经提出过帮他租一间小画室的想法，但他却认为，当身边的朋友都有画室时，又何必浪费钱去租一间呢？

　　他双手插在裤兜里，开始在街上漫无目的地闲逛。这个时间点有些尴尬，现在回家太早了，他不想那么早就结束一天，更不想饿着肚子结束一天。在附近找家咖啡馆对付一顿？前两天刚交完房租，口袋里只剩下几个钢镚。去找他那几个画家朋友？这个点，无论去找谁，蹭饭的目的都太明显了。倒也不是不好意思，但请客吃饭这种事总得有来有往——他自从来到巴黎以后，还从没请过客。

　　傍晚时分的巴黎街道总是散发着一股浓浓的——屎味，也可能是尿味，那都是来来往往的马车留下的痕迹。"整个巴黎"就是一个巨大的马车公共厕所。傍晚正是空气中"屎尿分子"浓度最高的时刻，一直要到第二天清晨才会有人来清理。这种倒胃口的气味有时可以帮助一个没钱吃饭的穷画家顺利跳过一顿晚餐，而有时却不行，当你饿到一定程度，闻到这种气味反而会有种口渴和尿急同时袭来的感觉。此刻的文森特，就已经饿到了这个程度，事实上他连午餐都没吃，只是在早晨出门前塞了四分之一条前天剩下的法棍面包。

　　• • •

　　走着走着，来到了克劳泽尔大街——唐吉老爹的画具店就在这条街上，文森特忽然有了主意，加快脚步向画具店走去。

"丁零零……"

店门撞到上方的铃铛。10多平方米的店面被各种画具塞得满满当当，像个打开的工具箱——分为上、中、下三层，最下一层是柜台，各种型号的颜料、笔刷和水彩插在柜台上的木质小格子里；中间层堆满了画布、画架和画框这类大家伙；最上层的墙壁则挂满了画，一直延展到天花板。唐吉老爹的这间画具店，多年来一直是年轻画家们展示自己作品的地方。早几年，这里挂满了莫奈、雷诺阿、塞尚的作品——当然，那时候他们还不像现在这么出名。

文森特进店时，唐吉老爹正在柜台后面百无聊赖地咬着手指甲，一见到他便兴奋地跳了起来。

"他妈的，总算来人了！"

唐吉老爹60岁出头，满脸银白色的胡须，身材壮硕得像个伐木工人。

"我来买点颜料。"文森特假装四处张望。

"随便看。"唐吉老爹边穿外套边说，"顺便帮我看会儿店，我得出去一下子。"

文森特一脸为难地说："可是……我正打算去吃晚餐，只是顺道过来……"

"鸡肉三明治怎么样？"唐吉老爹已经走到了门口，"我半小时内就能回来，路过咖啡馆的时候给你带一个？"

"唉，好吧。"文森特无可奈何地摊了摊手，心里却乐开了花——计划成功！

这时，墙上的一幅画引起了他的注意——画中有一群布列塔尼妇女，她们穿着布列塔尼的传统服饰坐在草地上。这种服饰的式样有点像荷兰的挤牛奶女工，白色的头巾、白色的披肩和黑色的裙子。没去过布列塔尼的人，也许会以为画的是一群修女，或者是一群女仆。

"这是伯纳德的画吗？"文森特指着那幅画问。

"什么？"唐吉老爹的手已经按在了门把手上，被文森特一问又折了回来，"哦，不不，这幅是高更的。"

"谁？"

"保罗·高更！"老爹朝着那幅画点了点头，"真不错，不是吗？对于一个业余爱好者来说。"

"可这明明是伯纳德的画风……"文森特嘟囔着。

"哦，对了！"唐吉老爹对这是谁的画风并不怎么感兴趣，"如果我老婆来的话，就跟她说我去送货了。你懂的！"说完朝文森特眨了眨眼。

唐吉老爹每周总有那么一两天，会在傍晚时分出去"运动运动"，他自己是这么描述的。对于一个60岁出头的人来说，这个运动频率确实有些惊人。唐吉老爹的"傍晚运动"是除了他妻子以外整个巴黎都知道的"秘密"（很可能他妻子也知道，只是不在乎）。只要店里有熟客，老爹就会请他帮忙看会儿店，说自己去去就回。事实上，也确实是去去就回，他所谓的"半小时"已经是高估自己了。

老爹走后，文森特依旧盯着那幅《布列塔尼妇女》出神，但思绪却已经飘到了刚才在墓园的"奇遇"。

"她究竟是真实的，还是幻觉？"

离开墓园以后，这个问题就一直在他脑子里盘旋。

"难不成她是鬼魂？可是……鬼魂有那么美吗？"

他抬起袖口闻了闻，依旧残留着杏花的香味。

"丁零零……"

"现在的年轻人都这么画吗？"

耳旁的声音把文森特吓了一跳，不知何时身边忽然多了个人。

这人身着一身白色西装，看起来做工精良，但却被他弄得皱巴巴的。他很胖，40多岁的模样，肚子快要把西装撑破了，长长的胡须遮住了大半张脸，戴着一顶和文森特一样的草帽，但不像文森特的那顶那么破。整个人看起来像个兼职园丁的胖国王。

文森特不由自主地伸手捏了捏他的胡子，感觉挺扎手的，就像在捏一团钢丝球。

那人倒并没有对文森特的举动感到惊讶，而是笑嘻嘻地说："你到我这个年纪也会有的。"

"对不起！"文森特把手缩了回来，"我以为你是……没什么，对不起！"

"没事，唐吉老爹不在吗？"那人说。

"他出去了，应该很快会回来。"

"又去……运动了？"那人眉开眼笑地问道。

文森特心领神会地点了点头。

"我的天！"那人摇着头，"真是 20 年如一日，佩服！"

文森特看了看墙上的挂钟："走了 5 分钟了，差不多快回来了。"

"我们说的是同一个老爹吗？"那人哈哈大笑，"年龄不饶人啊！哈哈哈……"他浑身都在抖动，脑袋上的草帽差点被他甩到地上。

"你们是老朋友吗？"文森特问。

那人用胖手揉着眼角："10 年了……"随后指着墙上的画说，"我年轻时也把画送到这儿来挂着，但一幅都没卖掉过。"

"10 年前，不是应该把画送到官方沙龙去吗？"

"沙龙？沙龙如果愿意收我的画，我还送到这儿来干吗？"

又是一阵狂笑，文森特心想现在的人都是怎么了，笑点一个比一个低。

那人拍了拍文森特的肩膀，指着墙上那幅高更的画："这是你画的吗？"

"不，不是。"

"谁画的？"

"保罗·高更。"

"哦……怪不得。"

那人摇了摇头，藏在胡子下面的嘴角露出一个嫌弃的表情。

"画得不好吗？"文森特问。

那人敷衍地哼了一声，突然想起什么似的问："高更是你朋友？"

"不是。"文森特摇摇头，"我没见过他。"

"那就好。"

"什么意思？"

"没什么……你也是个画家？"

"算是吧。"

"画什么题材？"

"都画。"文森特想了想说，"但主要画肖像……如果找得到模特的话。"

"哪类肖像？"

"普通人，农民、工人、劳动妇女……"

"不不不……"那人把脑袋摇得就像要把胡子甩掉一样，"画这些可不行！至少进沙龙肯定没戏。"

"为什么？"

"这是我从业多年得出的结论。"他清了清嗓子，用胖胖的手指挠了挠太阳穴，"我年轻时也削尖脑袋想要挤进沙龙，但年年被拒……"

"因为沙龙不接受新想法吗？"

"一开始我也这么以为，但其实不是。虽然那帮评委比千年老龟还要顽固，但他们的艺术史知识绝对比你我丰富。"他又挠了挠太阳穴。

"对不起，我没听懂。"文森特皱着眉头。

"这么说吧，只要是了解一点艺术史的人就应该知道，从文艺复兴开始，一直到今天，画法天天在变。新画法取代老画法是早晚的事情，那群老乌龟又不是傻子，他们当然知道。"

"那他们为什么不收你的画？"文森特问。

"因为题材不对！"那人耸了耸肩，"他们才不在乎你用什么画法呢，只要题材对，就能进沙龙。"

"题材还有对错？"

"当然有了！你以为沙龙是什么机构？展现艺术家才华的平台吗？"

"不是吗？"

"别做梦了！沙龙从头到尾就是政治宣传平台！"

"你的意思是说，他们只接受对政府有利的题材？"

"一点都没错！"那人用力拍了拍文森特的肩膀，"拿破仑家族最擅长玩这套了！你去看看卢浮宫光线最好的那几个厅，挂的都是些什么！"

文森特还没来得及思考，那人就接着道："拿破仑加冕，拿破仑英姿飒爽地骑着马，拿破仑亲临瘟疫现场，啧啧啧……"他摇着头，"卢浮宫为什么免费向公众开放？难道是让穷人有个地方躲雨？才不是呢！还不是为了宣传他们拿破仑家族有多厉害！所以搞这个官方艺术沙龙也是其中一个目的，说得冠冕堂皇，什么为年轻艺术家提供展示平台……说到底还不是为了政治宣传！就跟卢浮宫当年对公众开放是一样的目的。"

"嗯。"文森特点了点头，"说得有道理，所以说……"

"所以说你画些穷苦老百姓的日常生活，当然不可能过审！"那人抢过话头，"你得画和谐的、美的东西……时时刻刻提醒老百姓法国多幸福，没有穷人，没有痛苦的生活……痛苦的生活都在外国。"说着朝文森特眨了眨眼，"如果画些吉卜赛小偷什么的，反而说不定能过审。"

"原来如此……"

"是啊，原来如此，原来如此……"他拍了拍文森特的肩膀说，"好在这些年沙龙不是唯一的路了。坚持画你喜欢的东西，总能被人看见的。但不管你画什么……"他指了指高更的那幅画，"千万别跟这家伙学。"

"为什么？"文森特顺着他的胖手指看了看那幅画，又看看他，"高更怎么了？"

那人摇了摇头："我不想在背后戳人脊梁骨。"他停顿了一下，"不过那小子实在是……"他边摇头边说，"是个只会抄袭的半吊子！"

文森特刚想接话，那人忽然叫了起来。

"我的天！"他看着自己的怀表喊道，"唐吉老爹不会死在床上了吧！"

文森特凑过去看了一眼他的怀表，做工精美的表，表盖上还绘着一幅日本浮世绘的图案，看起来至少值……两个月的房租。

"算了！"那人说，"我不能再等了，还得赶火车回吉维尼。"他拍了拍文森特的肩膀，"一会儿老爹回来，麻烦你替我跟他打声招呼，就说克劳德来过了。"

"克劳德？克劳德·莫奈？"文森特叫了出来。

莫奈却显得很平静，似乎早已习惯面对这样的表情了。

"你就是……那个莫奈？"

"我想我就是'那个'莫奈……哦！你看我这脑子！"他拍了拍自己的脑袋，"聊了这么久,都还没请教你叫什么。"

"我叫文森特，文森特·梵高。"文森特伸出双手和莫奈握在一起，"见到你实在是太荣幸了。"

"你姓梵高？"莫奈问。

"是的。"

"那古皮尔画廊的老板是你的……"

"那是我三伯！"

"我的天！"莫奈握得更用力了，"那提奥就是你……"

"那是我弟弟。"

莫奈瞬间从偶像变成了粉丝，他又掏出怀表看了看，满脸遗憾地说："今天实在是不巧，不过……"

他又看了眼怀表，在发现时针并没有倒着走后，叹了口气："唉，今天真是不巧！改天一定把提奥先生约出来，我们三个好好喝一杯！"

《唐吉老爹》(*Portrait of Père Tanguy*), 1887

亲爱的妹妹：

我画了一幅加歇医生的肖像，画中他神情抑郁，仿佛故意对观者展露愁容。不过，也可能是我的问题，我故意将他画得满面愁容。与那些面容平静的古老肖像相比，当代肖像的表情和感情更加丰富，渴望的神情也更加强烈。哀伤、温柔、机灵、睿智等都应该展现出来，这样的画才能真正打动人心。

有些肖像值得我们观看良久，即使过了 100 年也会有人回过头来品味。如果我再年轻 10 岁，并保持现在的心智，我一定会充满野心地好好画肖像。但现在……我实在做不到。

我不知道如何去影响那些我想要影响的人。

我不知道该如何跟他们相处。

我不知道。

……

再次感谢你的来信。

在想象中与你拥抱。

你永远的

文森特

11

杰 作

奥威尔的夏夜，空气中弥漫着青草香，气温也不高，在室外待久了会有一丝凉意。天色已经完全暗了下来，在月光的照耀下，奥威尔教堂的外墙呈现出一片蓝紫色。

提奥和玛格丽特从教堂门口移步到侧面的一张长椅上，两人之间保持着一段礼貌的距离。

"您应该知道，我父亲有不少画家朋友。"玛格丽特说。

"这我知道，"提奥点了点头，"文森特之所以来这儿请你父亲医治，就是我们共同的画家朋友介绍的。"

"嗯，父亲总说，在那么多画家朋友中，和他最要好的，是保罗叔叔。"

"保罗·高更？"

"保罗·塞尚。"

"塞尚？"提奥扬了扬眉毛，"他可是了不得的大画家啊！"

"父亲也说过同样的话。"

"但我听说他基本不与外界接触，过着隐居的日子？"

"是的，但他与父亲每周都通信。"

提奥点了点头，抬起头问："那……这和文森特有什么关系？"

玛格丽特十指交扣，指甲捏得发白："父亲说，塞尚的成功，完全可以复制到文森特的身上。"

"什么意思？"

"您知道塞尚当年是怎么出名的吗？"玛格丽特抬头看着提奥。

提奥想了想："是因为左拉的那本小说？"

"是的，先生。父亲也是这么认为的。他说，保罗叔叔之所以这么成功，主要是因为大作家左拉以他为原型写的那本小说。您看过那本书吗？"

"《杰作》？我很久以前看过，已经记不太清里面的情节了，好像说的是个失败画家自杀的故事。"

"是的，先生。"

提奥皱起眉头，似乎想到了什么，却又不敢确定："但我还是不明白你的意思……你是说，文森特尝试自杀，和这本书有关系？"

"我也不知道，先生。"玛格丽特用力捏着双手，"自从父亲遇到文森特之后，整天把他挂在嘴边，说他是百年难遇的奇才。但同时又觉得，他的知名度与他的才华并不匹配。为此他想了许多办法，至少在我看来，他比文森特自己还希望他能成功。"她抬起头，哀伤地看着提奥，"先生，为什么没人喜欢他的画呢？它们是那么美……"

提奥低着头，默不作声。他当然知道为什么没人喜欢文森特的画，但却觉得没必要和面前这个小姑娘分享，说了她也听不懂。

"那这件事和文森特尝试自杀有什么关系吗？"提奥淡淡地问。

"我不知道，先生。"玛格丽特双手紧紧捏在一起，整个人都在发抖，"我以为父亲是为他好……但是，我不知道，先生。"

"究竟发生了什么事？"提奥几乎破音。

"我说不清，先生，只是一种推测，一种感觉，不不不，我也说不好。"

提奥看着手足无措的玛格丽特，她这样语无伦次的，到天亮都不一定能把事情说清楚。但直觉告诉他，她刚才提到的那个"电话"，很可能是整件事情的关键。

"和我说说那个电话吧。"

"电话？"

"就是你刚才说的那个电话，你父亲和某个画商的电话，都说了些什么？"

"哦，对，那个电话。"玛格丽特似乎找到了头绪，"父亲通话时的语气不太寻常，他说话很小心，声音也很小，这反而引起了我的好奇。您知道吗，先生，他平时讲电话都像是在咆哮，而那次，却像是在窃窃私语。我感觉他是故意不想让我听到才那么小心翼翼的。"

"嗯，那他都说了些什么？"

"他先是和对方聊了聊家常，您知道的，先生，大人们讲话从不会一上来就进入正题……"

其实玛格丽特已经20岁了，但说起话来还像个8岁小孩，依旧管她父亲叫"大人"。

"他聊家常的时候语气很正常，正当我要上楼回自己的房间时，忽然听到他的声音轻了下来，于是我就产生了好奇心。我以为他要背着我说什么悄悄话，于是就站在楼梯上等了一会儿。果然，父亲对电话那头说了句'您稍等'，然后就起身将书房门关了。他完全不知道我就站在门外的楼梯上。"

"嗯，那他接下来又说了些什么？"提奥觉得自己必须不停地重复这句话，才能推着玛格丽特继续往下说。

"他说，他遇到了一个奇才，绘画奇才，而且是还未被发现的那种。父亲听起来很兴奋，甚至有些兴奋过头，因为他的声音越说越响，我站在门外都能听得清清楚楚。"

"嗯，然后呢？"

"父亲接着说，他知道，画家出名需要故事，这他知道，您猜怎么着？"

"怎么着？"

"不不，先生，这是父亲讲电话时问对方的话。"

"哦哦，你继续。"

她点点头继续说道："您猜怎么着？他有精神病！虽然他现在已经趋于正常，但曾经犯过病绝对是一个可以挖掘的故事，不是吗？这句话也是父亲问对方的。"

提奥点点头，做出一个"请继续"的手势。

"提奥先生，文森特先生的耳朵，真的是发病时自己割掉的吗？"

"你听谁说的？"

"也是父亲在电话里说的。"

提奥皱了皱眉，心里有些不快，但没有表达出来："好吧，你继续。"

"嗯，好的。"玛格丽特点了点头，继续说道，"父亲说，文森特先生发疯时甚至将自己的耳朵割掉了，这难道还不算故事吗？可对方似乎不是很满意这个故事，父亲沉默了一会儿，又问了一遍，割下自己的耳朵还不算故事，那什么算故事？接着，父亲就提到了保罗叔叔，父亲说他的故事甚至还不如文森特的精彩。等等……"玛格丽特想了想，

"对，父亲确实用的是'精彩'这个词。接着他又沉默了一会儿，说他知道那是左拉写的。我想他们是在谈论左拉以保罗叔叔为原型的那本小说。嗯，对。接着父亲又说，他也能以文森特的经历写一本小说。父亲提到文森特的病历记录，说光将这些记录里的内容写出来，就比左拉的那本《杰作》精彩一百倍。"

"你父亲真这么说？"

"是的，先生。"

提奥用喉咙哼了一声："你继续。"

玛格丽特看了看提奥，不知道自己说错了什么，但又不敢问，怯怯地继续说道："听到这里，我一直觉得父亲是为了文森特好，我们都希望文森特能获得成功，真的，提奥先生。"

提奥点点头，用冰冷的语气说："好的，你继续说。"

玛格丽特叹了口气，将双手捏得更紧了。

"但后来父亲说的一句话，吓到我了。"

她咬了咬嘴唇，仿佛真相即将突破最后一道防线。

"父亲说，这还不够？难不成真的要让他像书里那样——自杀？"

说完这句话，玛格丽特战战兢兢地抬头看了看提奥，提奥并没有看她，而是抬头望着空中的星河。

"然后呢？"他面无表情地说。

玛格丽特强忍着泪水："对不起，提奥先生，我听到这句话的时候，只是惊讶，但没想到这件事真的会发生，文森特真的……"

　　她再也忍不住了，泪水犹如决堤似的涌了出来。

　　提奥则一直望向天空，一言不发地等玛格丽特哭完，然后用冷静得不能再冷静的语气说："玛格丽特，谢谢你告诉我这些。"他站起身背对着她，"你先回去吧，我一会儿会去府上拜访一下你的父亲。"

　　"可是，先生……"

　　"放心吧，玛格丽特，这是大人之间的谈话。"

《钢琴旁的玛格丽特·加歇》(*Marguerite Gachet at the Piano*),1890

亲爱的提奥：

我收到你 5 月 13 日寄来的信了。

你信中的大部分内容我都十分赞同。

然而，这个世界并不认可你这样的道理。这个世界既看不见，也不尊重人性。只要你还没有入土，这个世界唯一看中的就是你拥有的金钱和物质价值。对于死后会发生什么，这个世界毫不关心。所以，它是鼠目寸光的。

至于我，我同其他所有人一样，对人类既同情又厌恶。

……

你永远的

文森特

12

受精卵

今天真是个奇妙的日子。

文森特倚在唐吉老爹画具店的柜台上，仿佛中了张13.65法郎的彩票，却没人可以分享他的喜悦。虽然谈不上有多喜欢莫奈，但那毕竟是莫奈，哪个刚出道的画家不想具备他那样的知名度？最近听提奥说，他的画甚至已经在美国打开了销路。真不知道自己要到什么时候才能达到那种高度。

他的目光又移到墙上高更的那幅画上。

"只会抄袭的半吊子！"

要是伯纳德听到这个评价，估计会跟他拼命。以伯纳德的性格，才不会管对方是印象派创始人还是宇宙创始人呢。没人能诋毁他心目中的英雄，这小子前不久刚刚徒步去布列塔尼"朝圣"过高更，他崇拜所有打破常规的人，每当聊起高更时，眼里释放出的光芒就好像见到了19世纪的耶稣。

但莫奈干吗那么痛恨高更呢？文森特虽然没见过高更，但本能上觉得莫奈的话有些过激，怎么说，也算是个前辈，实在没必要这样说一个刚出道的新人。或许打压新人就是法国画坛的规矩，或许这是所有行业的规矩。

正在这时，唐吉老爹踉踉跄跄地回来了，身上一股酒味。

显然他并没有死在谁的床上，同时，他也把鸡肉三明治的事忘得一干二净。

看着老头醉醺醺的样子，文森特也不好意思说什么。他这副样子，今晚不被家里的母老虎干掉就已经是奇迹了。至于鸡肉三明治嘛……等他熬过今晚再说吧。

文森特走出了唐吉老爹的画具店，饿着肚子，计划泡汤。现在也已经过了饭点，去哪儿都蹭不到晚餐了。这就是耍小聪明的后果，文森特心想，早知道刚才就应该拉下脸去找澳洲佬或洛特雷克。

算了！他拍拍自己空空的肚子，决定直接回家睡觉——反正少吃一顿又不会死，反正不吃饭睡觉对他来说早已是"家常便饭"了。

两个月前，文森特从提奥的高级公寓搬了出来，现在住在巴黎西北区的阿涅勒，就在塞纳河畔。这里的房租便宜些，一个月45法郎能租到一间6平方米的阁楼，但不包餐食。这并不是文森特住过的最差劲的公寓，事实上，如果他的画一直像现在这样卖不动，这个小阁楼可能会进入他住过的"最好公寓"前三名。阁楼里有扇小窗，虽然比他的脸大不了多少，但至少能看到塞纳河，勉强算得上是一间"河景房"。

走到公寓楼下，文森特看到一个熟悉的身影。男人正在来回踱步，看身形就知道是伯纳德，他走路的样子就像跟地砖有仇似的。在路灯的光束下，伯纳德看起来就像个戏很多的话剧演员。

"晚上好，伯纳德。"文森特从远处打了个招呼。

伯纳德循着声音的方向，投来一个愤怒的眼神。天知道他又在生谁的气，事实上他即使不生气时也这样，因为他觉得愤怒的表情能让自己看起来更像个男子汉，可惜嘴唇上稀疏的茸毛和脸上的青春痘从来都不肯配合他的演技。

文森特走进路灯的光束中，伯纳德一看清他的脸，立马就眉开眼笑，仿佛终于等到了邻居家的小朋友，手里还抱着个皮球。

"文森特先生！我等你好久了！"

"你吃饭了吗？"文森特脱口而出，男人并不是所有时候都用下半身思考的，有时候也用胃思考。

"当然。"伯纳德说，"都这个点了，怎么？你还没吃？"

"吃过了。"文森特摆摆手，吹了个牛。

理智还是战胜了胃。他知道，伯纳德是一个即使只有1法郎，也会请他吃顿5法郎大餐的小子。正因如此，他才不打算让他破费。毕竟月底大家都不容易，何况伯纳德的银行账户也不像澳洲佬和洛特雷克那么富裕——所有的零都在小数点的前面。

"怎么了？"文森特问。

"有烟吗，先生？"伯纳德长长地叹了口气，做出一副成熟男人的痛苦表情。

"我只有烟斗。"文森特伸手在口袋里掏着。

"不不不，那玩意儿太呛了。"伯纳德往后退了一步，"楼上有酒吗？"

"好像还有一点儿。"文森特抬头看了看楼顶那个比他脸大不了多少的小圆窗，"但你可能得坐在地上喝，我唯一的一把椅子坏了。"

"走！"

伯纳德看起来对坐在地上喝酒求之不得，如果可能的话，他恨不得坐在树上喝。

进门时房东太太告诉文森特，有一封他的信，已经塞到他门缝里了。

通往阁楼的楼梯又黑又长，伯纳德一路都在唉声叹气，每声都像在说"快问我怎么了"。

"你被甩了？"文森特问。

"唉……"又一声叹息，"比那严重多了。"

"比那还严重？你被男人甩了？"

"一点都不好笑……"

可能是因为没吃饭，文森特爬楼梯时有些气喘，所以没听见伯纳德在说些什么，只知道他一直在叨叨。

总算到了阁楼，文森特转开门锁，从地上捡起一个信封。

他站在依旧叨叨个不停的伯纳德身前，拆开信封，里面装着50法郎和一张小字条，上面写着：

亲爱的文森特：

　月底了，去吃顿好的吧。

　　　　　　　　　　　　　　　　　　提奥

文森特将字条放回信封，把50法郎塞进上衣口袋，转身对伯纳德说："走，请你去吃顿好的。"

"你不是吃过了吗？"

"多吃一顿又不会死！"

……

午夜的咖啡馆，文森特正在大快朵颐，使坐在对面的伯纳德赞叹不已。

"我的天，你胃口真好！"

"呼吧，数摸素（说吧，什么事）那么伤心？"文森特吃东西时总喜欢塞满一嘴再开始咀嚼。

伯纳德意味深长地叹了口气，他今晚呼出的二氧化碳都快捅破巴黎上空的臭氧层了。

"我有种被人背叛的感觉。"

文森特灌了一大口酒，才把嘴里的食物咽下去。

"你真的被男人甩了？"他问。

"唉……"伯纳德又叹了口气，抬头看着文森特，像个犯了错又不好意思承认的小孩，"是高更先生……他的一些行为，让我有些失望。"

"怎么了？"文森特又塞了口食物，"他和你老婆？"

"我又没老婆。"伯纳德说，"而且，我才不会为这种事心烦呢。"

"哟哟！"文森特喝了口酒，"等你有的时候，就会了。"

"别说笑了，文森特先生。"伯纳德略显不耐烦，"我没老婆，他也没睡我老婆……"

"那为啥？因为他抄袭你的画风？"文森特头都不抬地往嘴里塞了块牛排。

"你怎么知道的，先生？"伯纳德瞪大了眼睛。

"我在唐吉老爹那儿看到了。"

"你也看到了？！"伯纳德叫道，"那幅《布列塔尼妇女》，和我之前给你看的草稿一模一样，不是吗？"

文森特点了点头。

"我的天！我看到的时候都不敢相信自己的眼睛。"伯纳德说。

"最近这种事经常发生。"

"什么事？"

"没什么，我只是想到了一件别的事，不重要，你继续。"文森特看了看自己的袖口，心想这会儿杏花香应该已经没了吧。

"你觉得这是抄袭吗，先生？"伯纳德问。

"好吧，如果你硬要我说的话，"文森特把空盘子推到一边，十指交叉着搁在桌子上，"两幅画几乎一模一样，除了'抄袭'，我想不到还有别的什么词来形容。"

伯纳德慢慢地垂下了头，像个刚听完宣判的嫌疑犯。

"我实在搞不懂，他为什么要这么做？"

"这你应该去问他。"文森特顿了顿，"看样子你还没问过？"

伯纳德像个发条松了的机器人一样，摇了摇头。

"你想让我帮你问吗？"

"不！不要！"伯纳德迅速地抬起头，但又不知道该说什么，手在空中来回晃动。

文森特一把抓住他的手，看着他的眼睛，用最温柔的声调问："要玩手指相扑吗？"

伯纳德下意识地伸出大拇指，忽然意识到这很幼稚，于是一脸恼火地甩掉文森特的手。

"先生！别把我当小孩子看！"

"差点就上钩了！就差一点点！"文森特满脸遗憾。

"别闹了，先生。"伯纳德说，"如果是你，会怎么处理这事？"

"我会用拇指拼命压住……"

"我没说手指相扑，我是说保罗·高更！"

"哦，他啊。"文森特灌了一大口酒，用手掌擦了擦嘴，"你最好还是别听我的意见。"

"为什么？"

"可能会吓到你。"

"我才不怕呢！"伯纳德像个即将上场的摔跤手一样坚定，"你说说看。"

文森特摇了摇头。

于是伯纳德在接下来的几分钟内重复了106遍"说说看"，文森特终于忍不住说道："好吧！我不觉得这事有什么大不了的。"

"什么？！"伯纳德几乎不敢相信自己的耳朵，几个小时前他因为看到高更的画而不敢相信自己的眼睛，现在耳朵都无法相信了。对一个18岁的少年来说，这实在是让人难以相信的一天。

"你看，我就说别听我的意见吧。"文森特耸耸肩。

"但是，为什么啊，先生？！"

"我先问你一个问题吧。"文森特说，"高更在你心目中是个什么样的人？"见伯纳德支支吾吾说不出口，文森特又补了一句，"就是说在这件事情发生之前，他是个什么样的人，在你心目中？"

伯纳德想了半天，憋出一句："我很敬佩高更先生。"

"为什么？"

"你没听过他的故事吗？"

"今天听人提起过他，但这不重要，我想听听你的版本。"

"好吧，先生。"伯纳德说，"高更先生在成为画家之前，是个很成功的股票经纪人。但他却愿意为了艺术放弃一切！你懂吗，先生？是一切！金钱、地位、家庭……这种事情可不是一个普通人能办到的。"

"所以他是个超人？"

"难道不是吗，先生？"

文森特笑了笑："你继续。"

"但我不理解，那么厉害的一个人，为什么会做出这种事情。应该说，他何必要做这种事呢？"

"你又绕回来了。"文森特说，"要不我跟你说说我的亲身经历吧。"

他把空酒杯挪到一边，胳膊肘撑在桌子上，像是要发表重要讲话："我从小记性特别好，6 岁就自学了拉丁语，11 岁就能背出大半本《圣经》。我父母直到发现我是个疯子之前，一直都以为我是个神童。"

"你确实很厉害，先生。"

文森特摆了摆手："我的第一份工作是在古皮尔画廊上班，相信你也知道。头几年我干得非常不错，我主要负责库房，那个库房大得就像古巴比伦的图书馆。我不是自夸，只用了一个礼拜的时间，我就已经对它了如指掌了。"文森特自豪地点了点头，"一般人要花几年才能搞清楚，但我只用了一个礼拜，就像了解自己脸上的粉刺一样，对它了如指掌。"

伯纳德下意识地摸了摸自己脸上的青春痘："然后呢？"

"我当时就是你这个年纪，比你还小几岁。"文森特说，"当时觉得那个库房根本容不下我伟大的理想。虽然我都不知道自己的理想是什么，但就是想离开那里出去闯一闯。毕竟我那么聪明，干什么不成呢？不是吗？"

"那当然！先生！"伯纳德似乎被说中了心事，看起来比文森特还兴奋。

文森特又给自己倒了一满杯酒，一口干掉。

"啊哈……现实根本没想象的那么容易，"他说，"我后来做过牧师，还教过书，因为我会六种语言，还在书店干过一阵……但没有一样干得长久的。"

这回轮到文森特口吐二氧化碳了："我说这些的意思是，无论一个人多聪明，在某个领域多成功，并不代表他能在之后的每个领域都一样成功。"

"我们说回高更……"他又喝了口酒，"他可能确实是个成功的股票经纪人，但这并不代表他一定是个成功的画家。"

"他抄袭你，恰恰说明他知道自己不如你！如果他不是个傻子的话，干吗要去抄一个不如自己的人呢？所以，如果我是你的话，反而会感到高兴。因为这至少说明你在绘画这方面比他强。"

伯纳德像被当头浇了盆冰水。

"等等，先生，我有些混乱，"他托着下巴，满脸疑惑，"你的意思是说，高更先生……还不如我？可……可他比我年长那么多。"

"谁告诉你天赋和年龄有关系的？"文森特从口袋里掏出烟斗，不紧不慢地往里面填着烟草。

"不不不，这不对，总觉得哪里不对。"伯纳德点点头，又飞快地摇着头。

"听着！"文森特用烟斗嘴指着他，"世上本就没什么真正的天才，他也没你想象的那么厉害。总之，不管你怎么想，千万不要妄自菲薄！"

他叼起烟斗，拍遍身上的每个口袋："该死，落在铃鼓了……你有火柴吗？"

"我不抽烟，先生。"

"总之，不管怎么样……"文森特又将烟斗从嘴里拿出来，"他在金融圈或许是个肌肉发达的猛男，但在艺术圈，他跟你我一样，是个从零开始的婴儿……可能连婴儿都不如，不过是个受精卵。"

"哈哈哈哈……"

一阵洪亮的笑声从伯纳德身后那桌传来，文森特的视线绕过伯纳德的脑袋，看到一个头戴红色贝雷帽的人站了起来，笑着朝他们走过来。

伯纳德只回头看了一眼，就立刻转过身来，轻轻骂了句"该死"。

文森特看看伯纳德，再看看那人，他一只手搭在伯纳德的肩膀上，另一只手从口袋里掏出一盒火柴。

"我并不是故意偷听二位谈话的。"他将火柴甩到桌上。

他脖子上系着条丝巾，是那种做作的绿色，有个大得离谱的鼻子，看起来像只叼着胡须的托哥巨嘴鸟。

看伯纳德此刻无地自容的表情，文森特就已经猜到这人是谁了，但出于礼貌，他还是问了句："您是……"

那人脱下贝雷帽，微微踮起脚后跟鞠了个 4.5 度的躬："我就是那个——受精卵。"

《保罗·高更（戴红色贝雷帽的男人）》[*Paul Gauguin (Man in a Red Beret)*]，1888

亲爱的惠尔：

……

有提奥作为朋友，我就断定自己会取得进步，一切都会步入正轨。

我打算尽早去南方待一段时间，那里的色彩更丰富，阳光也更明媚。

……

代我向母亲致以爱的问候。

文森特

13

南方的阳光

几个月后，文森特登上了开往阿尔勒的火车。

他坐在三等座望着车窗外的乡村风景，恍如隔世——"巴黎生活"就这样谢幕了？

两年前，当他乘坐的火车缓缓驶入巴黎圣拉扎尔火车站时，兴奋的心情不言而喻。而如今离开巴黎时，却像是在逃离。

在巴黎的两年，每天过着丰富多彩却又疲惫不堪的生活。一直以来，自己都在努力扮演城里人。但说到底，乡巴佬还是应该留在乡下，就像猴子只有待在树上才最有安全感。

多亏了那个"受精卵"——他给了自己"翻篇"的勇气。若不是他，如今自己应该还在巴黎——醉着。

至于阿尔勒，直到两个月前，他甚至都没听说过这座城市。听说那是一座美女如云的城市。

但文森特其实并不在乎那里有没有美女，他早就过了见到美女就有生理反应的年纪了——至少他自己是这么觉得的。对他来说，只要有饭吃、有床睡，哪儿都一样。如果小镇上还有那么一两家妓院，那就更完美了……没有也不要紧，总之他不想把时间浪费在谈情说爱上。

"追逐南方的阳光"是他此行的目的。

听说那是一座阳光明媚的小镇。对于一个画家来说，无论是追逐真实的阳光，还是自己内心的阳光，这都是一个不错的理由，离开巴黎的理由。

他只希望阿尔勒不要像巴黎那样——总是湿漉漉的，街道上还弥漫着屎味。

……

到达阿尔勒已是第二天的清晨。虽然文森特在火车上假想了各种对阿尔勒的第一印象，但当他走出火车站的那一刻，还是被眼前的景象震撼了——满眼的黄色，仿佛是乘坐着时空机器穿越到了古罗马，简直就不像是在法国。

这里是古罗马时期的普罗旺斯地区首府，许多建筑依旧保持着1000多年前的样子。文森特对历史建筑向来不怎么感兴趣，特别是哥特式建筑，觉得它们透露着一股邪恶的气息。

当时正值2月下旬，整个小镇被一层白雪覆盖，杏花却已经开了，一出车站就能闻到一阵清香，令人心旷神怡。

他先是在市区逛了一圈，只用了不到半小时就逛完了——一个美女的影子都没见到。

他在一家名叫卡雷尔的旅店落了脚，房间算不上豪华，但比他在巴黎住的阁楼要宽敞明亮些。

总的来说不算太差，这里的空气很好，当地人也和想象中一样纯朴，就是乡巴佬该有的样子——这让文森特很有安全感。

他认识的第一个当地人，是个名叫约瑟夫·鲁林的邮差。他有一把1000年没修剪过的胡须，长度足以媲美长发公主的腋毛。他走路的时候胡须会被吹成中分，远看就像在脸上挂着两根茄子。

"您从哪里来，先生？"邮差站在门口，等待文森特签收包裹，顺便朝屋子里探头张望。

"巴黎……不不……"文森特更正道，"事实上，我来自荷兰乡下。"

邮差扬了扬眉毛："画家？"

"您怎么知道？"

邮差指了指屋子里的便携式画架："您可不是第一个来这儿的画家了。"

文森特把笔还给邮差："是吗？如果您不忙的话……能请您喝一杯吗？"

邮差拍了拍自己鼓鼓的包裹："还有好多活儿要干呢。"

他将笔插进上衣口袋，打算离开，又转过头打量了文森特一眼。

"您在这儿有熟人吗？"

文森特耸耸肩："不瞒您说，现在是我到阿尔勒后第一次开口说话。"

邮差用两根手指捏着胡须转了转，看了眼自己的包裹，又看看文森特。

"就一杯吧！反正收件地址也不会自己跑掉。"

……

在阿尔勒这种小地方生活，结识邮差绝对是个明智的选择。因为那就相当于解锁了整个小镇，文森特显然深谙"小镇生存之道"。

而鲁林确实对这个小镇了如指掌——从地形到每家的动态，简直是门儿清。

文森特很快就发现，鲁林也很需要一个倾诉对象——毕竟装了一肚子的小道消息没地方分享，也是一件让人苦恼的事。

老雨果家的那头老母猪又产了一窝小猪崽；罗恩家的小女儿跟铁匠的儿子私订终身了；轻步兵团的畜生又在妓院闹事了……

"盖比？巴黎女孩？好像没听说过……"鲁林用手指挅

着胡须，"她长什么样？能形容得详细点吗？"

"褐色的头发，绿色的眼睛，看起来……20岁左右，身材瘦小。"文森特想了想，"或许……还带着伤。"

"带着伤？"鲁林眯起眼睛，"什么样的伤？"

"我也说不准，应该是瘀青之类的。"

"被你揍的？"

"当然不是！"

"别激动，老兄。"鲁林伸出双手推了推面前的空气，"我不过是个邮差，并不是法官。"他想了想说，"不过，这个镇上倒是有一个地方，经常能找到脸上挂彩的姑娘。"

"哪里？"

"妓院。"

文森特低下了头，仿佛听到了他最不愿意听到却又深知准确无误的答案。

鲁林看出文森特的失落，拍了拍他的肩膀："我只是瞎猜，别太放在心上。"

……

寻找盖比，才是文森特来阿尔勒的真正目的。

离开巴黎时，她身无分文，遍体鳞伤。

《邮差鲁林》（ *Portrait of the Postman Joseph Roulin* ），1888

亲爱的惠尔：

　　......

　　我刚刚读完了莫泊桑的《温泉》。

　　艺术看似高贵、神圣，就跟爱情一样。但那些热爱艺术的人又必须承受巨大的痛苦——首先是遭受误解，要接受身边的人意识不到艺术的神圣与美好。同时，还要不断地寻找灵感，大多数艺术家都是缺乏灵感的。

　　......

文森特

14

开了一枪

　　文森特回到他的小阁楼时天已大亮，窗外的小鸟歇斯底里地叫个不停。他躺在床上，毫无睡意，大脑像在福尔马林里泡过一样清醒。

　　真是一个奇妙的夜晚，同时，又是个再平常不过的巴黎夜晚。

　　他想起昨晚见到的那个大鼻子"受精卵"——高更，他并不像莫奈形容的那么令人讨厌，看上去还挺粗糙的，甚至都不像个画家。

　　文森特翻了个身，外面开始下雨，雨水打在屋顶上的声音，仿佛就像棉花棒在耳朵里匀速转动，听起来有种安全感。

　　他脑海中逐渐浮现出老家津德尔特的样子，想起小时候带着提奥在格罗特比克河床捉虫子的场景……或许这才是适合他的生活环境，至少比这间小阁楼要适合。

外面的雨越下越大，津德尔特小镇逐渐变成一片海市蜃楼。他闻到一阵淡淡的杏花香味。他微微睁开眼，发现自己正枕在盖比的腿上。她弯下身子，胸部顶在他的脑袋上，慢慢地将棉花棒从他耳朵里抽出来……他顿时感到浑身放松，几乎动弹不得。盖比凑到他的耳旁，凑得很近很近，可以清晰地听到她的呼吸。

她用气音说："文森特，你想睡我，对吗？"

砰！

一声巨响，文森特从床上跳起来，不知哪来的响声。紧接着脚趾一阵剧痛——应该是踢到床角了。

他捏着脚趾环顾四周，没有盖比，只有他自己和一张小木床。随着意识逐渐清醒，头开始疼起来，疼到几乎能听见脑壳裂开的声音。他艰难地从床上爬起来，透过小窗眺望外面的街道，雨已经停了。自己差不多睡了两个小时，也可能是三个小时。

他下楼向房东太太讨了一大杯咖啡，一口气灌进胃里，呆坐在厨房的餐桌前，看着空空的咖啡杯，一阵莫名的空虚感袭上心头——这是宿醉的后遗症。那杯咖啡什么问题都解决不了，头依旧疼得要裂开，浑身上下每个器官都很累，但大脑却是清醒的，仿佛一具大脑被操控的尸体。

自从搬到巴黎以来，每个月至少有 10 天，早晨要盯着咖啡杯怀疑人生。每次都会告诉自己以后不能再这样了，结果夜里又会喝成一个傻子，第二天一早又盯着咖啡杯骂自己怎么不长记性。

这就是巴黎，每天都精彩得像是在看马戏，一觉醒来才发现自己才是马戏团的小丑。当你每周、每个月都过着这样的日子时，再精彩的节目也会让人感到乏味。

人就是这么难伺候的动物。

文森特又坐了一会儿，总算是稍微缓过神来了。他回到楼上打扮了一番，准备出门（其实就是对着镜子把衬衫纽扣扣好）。

今天他要去洛特雷克的画室一趟。前几天在那儿画了一幅画，这会儿应该已经干了。他打算拿去给提奥看看，让他知道自己并没有在混日子。

文森特差不多两三天就能出一幅作品，是这一群人中画得最快的一个。虽然提奥总跟他说要画得慢点，再慢一点，但他就是慢不下来。提奥的公寓早就被他的作品塞满了，铃鼓咖啡馆和唐吉老爹那儿也放了不少，甚至连洛特雷克和澳洲佬的画室里也都堆满了他的画。事实上，他在巴黎的每个朋友，几乎都是半个"文森特·梵高作品管理员"。

"总有一天这些画会大卖的，到时候，我就能从中赚取些佣金……然后再租一个更大的仓库给你放画。"洛特雷克曾经这么对他说。

......

下过雨的巴黎街道有一股泥土的味道，不管怎样也比傍晚的马尿味强多了。

洛特雷克的画室位于科兰库尔（Caulaincourt）大街27号，是这个街区唯一一栋高级公寓——比提奥的公寓还要高级，里面还有专职的管理员。

整个三楼都是洛特雷克的画室。事实上，或许整栋楼都是他家的财产。因为楼下的管理员称呼他为"少爷"，而他看起来对这个称呼也早就习以为常了。

每星期总有那么一两天，大家会到他的画室里聚会。具体星期几并不固定，全靠默契。人数也不固定，每次总有几张新面孔进进出出，但核心成员总是那几个——伯纳德、大胡子、澳洲佬。每次聚会的内容基本差不多，从聊艺术、谈理想开始，到所有人都喝成一摊烂泥结束。

文森特每次来的时候，胳膊下总会夹着两三幅画，这是他一周的工作成果。他从不主动展示自己的作品，但如果有人想看，他也不会拒绝。他会把带来的画夹在画架上，然后一声不吭地坐到角落，无论别人如何评价，他都只是点头微笑，似乎也并不怎么在乎别人的评价。

......

他刚走到大门口，管理员就迎了出来。他叫皮耶尔，是个精瘦的法国老头，永远戴着一副白手套，好像从娘胎里带出来的。

皮耶尔拉开大门，毕恭毕敬地鞠了一躬。

文森特很喜欢每次被迎进门的这个环节，让他有种成功人士的错觉。

人都是有虚荣心的嘛。

皮耶尔和唐吉老爹年纪差不多，但不像唐吉老爹那样，总是嬉皮笑脸的。文森特从没见他笑过，所以也不敢叫他老爹，一直称呼他为"皮耶尔先生"。

皮耶尔替文森特脱下外套，告诉他少爷出去了，但他可以去楼上等少爷，就跟往常一样——洛特雷克画室的大门总是对外敞开。

皮耶尔领着文森特上到三楼，打开门引他进入画室，问他喝点什么。

文森特按着太阳穴在原地晃了晃说："我昨天的酒还没醒呢。"

皮耶尔面无表情地看着他，似乎在说"这跟我有什么关系"。

文森特挠了挠鼻子，想要掩饰自己的尴尬。

"要来点汽水吗？"皮耶尔不紧不慢地问。

汽水？娘炮才喝汽水呢！文森特心想，但如果什么都不喝，有种吃了大亏的感觉。

"咖啡吧，那就。"

皮耶尔点了点头："马上来，先生。"

……

洛特雷克的画室分为两部分——休闲区和娱乐区，用一块日式屏风分割开来。

休闲区有沙发、酒柜、雪茄。

娱乐区……有张床。

基本上，这里就是个男士俱乐部——如果把墙角那几个占总面积 1% 的画架搬走的话。

文森特点燃烟斗，坐在沙发上，盯着一幅风景画发呆。那是一幅塞纳河畔的风景，画中河面上漂着几艘小木船，一座铁桥横跨河两岸，火车在铁桥上疾驰而过。

这是文森特两天前画的。他很享受在户外作画的感觉，每次只要在路边支起画架，就一定会引来路人围观。也总会遇到那么一两个看起来很有品位的文化人，他们会托着下巴，站在背后议论这是不是印象派风格。每当这种时候，文森特就会朝他们送去一个不置可否的微笑。对于艺术家来说，保持神秘感很重要。所以，他更享受被围观的感觉——除此之外，他也确实没有其他展示作品的途径。

"总觉得缺了点什么。"文森特心想。

蓝色的河水，黄色的小船，强烈的色彩对比让这幅画看起来很抓眼球，但总觉得缺了点什么。是什么呢？

这时皮耶尔走了进来，双手端着银质的咖啡盘。

"来些糕点吗，先生？"

"再好不过了！"文森特拍了拍肚皮。

皮耶尔将精致的糕点一样样放到茶几上："还需要什么吗，先生？"

"不用了，谢谢你，皮耶尔先生。"

皮耶尔笔直地鞠了一个15度的躬，向后退了一步，转身离开了房间。

这大概就叫贵族的生活吧……文森特看着桌上的糕点，心里想着自己的上衣口袋能不能把它们全装下。

"他走了吗？"

一个声音从他背后传来，吓了他一跳，接着一个脑袋从屏风后面伸了出来——褐色的长发披散在肩膀上，一双大眼睛对着文森特眨了眨。

"盖比？"

"嗨，跟踪狂先生。"

果然是盖比。

她怯怯地从屏风后面走了出来，赤着脚，一件宽大的黑色日式和服松松垮垮地裹在身上，腰带胡乱地在腰间扎着，勾勒出她腰部的曲线，红色的领口半敞开到锁骨，和服的下摆拖到了地上。她踮着脚朝文森特走了过来，每一步都能从和服开衩处看到她雪白的大腿。

她走到文森特身边，将长发随意地盘在头上，一阵杏花的香味随之扑面而来。文森特努力将目光从她身上移开。

"问你话呢，"盖比拍了下他的肩膀，"发什么呆呢？"

"谁？"

"你呀！"

"哦，嗯……你怎么穿成这样？"

盖比看了看自己半露的胸部，故作镇定地捏起领口。

"我只找到这一件衣服，这东西究竟要怎么穿？"她踢了踢裙摆，露出洁白的腿。

"天晓得。"文森特耸了耸肩，"我只在浮世绘版画里见过，不过可以肯定不是你这样穿的。"

"真搞不懂，"盖比捏着领口，又踢了一脚拖在地上的裙摆，"日本人为什么要把窗帘穿在身上？这是你的？"她拿起茶几上的咖啡杯，"你不介意吧？"

盖比举杯喝了一口，皱了皱眉头："能帮我加点奶吗？"

文森特点点头，拿起银质的奶壶："要不要糖？"

"不用。"

"你自己的衣服呢？"

"在那边。"

她嘟起嘴指了指屏风后面。

文森特无法决定把目光集中在哪个部位，眼睛一直在她周围扫视："你怎么……没穿衣服？"

"我习惯裸睡，"盖比捏着领口，"谁知睡到一半忽然有人进来了，这'窗帘'又正好挂在床边，所以就……嘿！你往哪儿看呢？！"

她揍了文森特一拳，马上又捏紧松开的领口。

"对不起，你穿成这样我很难不看……"

"够了！"

盖比又朝文森特的小腿上补了一脚，文森特往后让了一步，把加好奶的咖啡递给她。

"你昨晚在这儿过夜的？"他问。

"你不知道吗？"

"我怎么会知道！"

"我不是告诉过你吗？"

"什么时候？"

"在蒙马特公墓外面，就在你盯着路灯发呆的时候。"

文森特想起了那只撞灯罩的小鸟……或许是飞蛾？

"那是你画的吗？"

"什么？"

"那个。"盖比用咖啡杯指了指画架上的那幅《阿涅尔塞纳河上的桥》。

文森特点点头。

她眯起眼睛，像个假装一本正经的小姑娘。

"嗯……怎么说呢？"她捏着下巴，拿腔拿调地说，"画得……很像印象派。"

"这算是夸奖吗？"文森特笑了笑。

"但是……"她抱着双臂，拿着咖啡杯的那只手在身前晃了晃，"总觉得缺了点什么。"

"什么？"文森特的表情逐渐僵硬。

"说不好……有点威廉·透纳的味道。"

文森特睁大眼睛："你不是在开玩笑？"

"什么意思？"

"你真的懂油画？"

"很不可思议吧？"盖比调皮地笑了笑，"一个女人居然知道威廉·透纳。你是不是这么想的？"

"对。"文森特想都没想便说道。

"太没礼貌了！"盖比皱着眉头，"威廉·透纳有一幅类似的画，画的也是桥上的火车，河里的小木船，那画叫什么来着？雨……烟……"

"《雨、蒸汽和速度》，你怎么知道的？"

"听一个朋友说的，他去伦敦国家画廊参观时见过原作。"

文森特点了点头，他想问她那个朋友是谁，但却觉得有些多管闲事。

"你也想表现工业革命吗？"盖比问，"还是说你只是纯粹——在抄袭？"

文森特被她问得一时接不上话，像条刚被钓上岸的鱼一样张着嘴。

"别这么看我，大叔。"

"大叔？"

她用手肘顶了顶文森特："没想到我懂得那么多，很不可思议吧？"说着嬉皮笑脸地将咖啡杯塞到文森特的手中，肩膀从和服领口露了出来。

文森特将目光从她肩膀上移开，看着天花板问："你究竟多大？"

"16岁。"盖比不假思索地回答。

"呵呵……"

"你不信？"

"呵呵……"

她翻了个大大的白眼："唉……男人什么事都写到脸上。"

文森特离她不到1米，他赞美着洛特雷克工作室明亮的采光，说她的皮肤水嫩得甚至能清楚地看见皮下血管。

"我知道缺什么了！"盖比忽然叫道。

"什么缺什么？"

"你的画！"她指着那幅画，"我知道缺什么了！"

"什么？"

"你听过透纳和康斯坦勃尔的故事吗？"盖比像个6岁小孩一样兴奋。

"又是从你朋友那儿听来的？"

"没错。"她用力点了点头，绘声绘色地说，"透纳和康斯坦勃尔向来是死对头，有一次展览时他俩的画正好挂在了一起，透纳看到老对头康斯坦勃尔的画，立刻产生了灵感，在自己的画上加了几笔。康斯坦勃尔回来后，吓了一跳，一眼就看出透纳来过了。他对身边的人说：'他来过了，并且还开了一枪。'"

"您听过这个故事吗？"盖比的样子就好像她亲眼见到了整个过程，"你猜透纳画了什么？"

"一个红点！"他俩异口同声。

"原来你知道啊？"

"我也有朋友。"文森特笑了笑。

"很好。"盖比像个老教授一样拍了拍文森特的肩膀，"你再想想吧，我去换衣服了。"

她说完拎起裙摆走到了屏风后面。

文森特走到那幅画前。

红点？

他从洛特雷克的画具中找了一支红色的颜料，挤了一点放在颜料盘上，用一支扁头笔刷蘸了点，在河堤上点了一点红色。他往后退了几步，不知是心理作用还是怎么了，画面顿时和谐了许多。于是他又走上前，将那个红点加工了一下——变成了一个撑着红伞的女人。

"确实好看了许多。"

盖比的脑袋从屏风后面伸了出来。

文森特又往后退了几步，看着那幅画微微点了点头。

"你好像对绘画很感兴趣？"他回头看着挂在屏风上的和服。

"还行吧。"声音从屏风后面传出来，"因为我身边的朋友都是画家。"

虽然觉得是明知故问，但文森特还是控制不住自己的好奇心："你和洛特雷克……是什么关系？"

盖比没有说话，隔着屏风只能听见她穿衣服的声音。

"是我多嘴了。"文森特补充道，"如果你不想说也没……"

"朋友啊。"盖比从屏风后面走了出来，她已经换上了一件白色的衬衫、一条黑色的裙子，嘴里咬着发夹，双手将褐色的长发拢到脑后，用皮筋扎了个小球。

"有时也会做他的模特。"她用发夹夹住头发，拍了拍裙子。

"你经常在这儿过夜？"文森特问。

"只有在无处可去的时候，昨晚不是告诉过你了吗？"

"我可能没听见……"

"天晓得。你真的不记得了？我说过要趁洛特雷克不在的时候，偷偷溜进来。"

"溜进来？"

"我该走了。"说完她走到门口，捏着门把手回头看着文森特，"难道你想请我吃午餐？"

文森特摸了摸自己口袋里的钢镚，心里暗骂昨晚那个叫高更的浑蛋。

"我，一会儿还有点事……"

"我想也是。"

盖比出门前朝他送了一个飞吻。

《阿涅尔塞纳河上的桥》（*Bridges Across the Seine at Asnieres*），1887

《花魁（摹溪斋英泉）》[Oiran (After Kesai Eisen)]，1887

亲爱的提奥：

我刚刚把我新创作的油画——《午夜咖啡馆》的草图寄给你了。

在《午夜咖啡馆》里，我试图通过绿色同血红色的对比，表达咖啡馆的黑暗力量。不过，从表面上看，这个地方却有着日本式的喜庆。

不知道泰斯提格会怎么看？也许他会说，这是个酒疯子画出来的。

从现在开始，你可以当作自己在阿尔勒拥有一座乡村住宅，我想将它布置成你喜欢的模样。如果你1年后来度假，到时房子就是现成的。我打算在房子里从上到下都挂满画。

我已经下定决心留在阿尔勒，因为我在这里，创作灵感就会源源不断地涌现。

在想象中握你的手。

你永远的

文森特

15

午夜咖啡馆

身无分文，遍体鳞伤。

自从来到阿尔勒，这两个词就一直在文森特的脑海中徘徊。他对"身无分文"是什么滋味再清楚不过了，那个身无分文的代言人每天都会出现在镜子里。对于一个皮糙肉厚的中年男人来说，尚且这么难熬，更何况是一个习惯了富足生活的小姑娘呢？他想起第一次遇到盖比的情形，她看起来就像是个离家出走的富家千金。

……

在阿尔勒百无聊赖的日子里，作画成了文森特唯一的心灵慰藉。但阿尔勒的"妖风"让他几乎无法在户外作画。这种名叫"米斯特拉尔"的季风简直比更年期的老巫婆还要可恶，一吹起来就没完没了。一旦走在路上被它逮个正着，不抓住树干的话，双脚都能被吹离地面。

邮差鲁林帮他想了个办法，他从镇上的五金店搞来几根 50 厘米长的钉子，把画架腿深深插入土里，再用钉子缠在绳子上固定住，这样画架至少不会被吹走。但依旧阻止不了风中夹杂的灰尘和小石子沾到颜料上。这个时候，文森特的速度优势就体现出来了，他成了镇上唯一有本事在油画被风刮成浮雕之前完成的人。

　　镇上除了他以外还有一个丹麦画家、一个美国画家和一个比利时画家，这些信息全都来自鲁林，相信他同时也向那几位传达了"镇上又新来了一个红毛荷兰画家"的新闻。那个比利时画家很快就闻风而来，他叫博赫，是个瘦高个，看起来是个和善的家伙。博赫也是从巴黎过来的，也混过巴黎画家圈子，很快他俩就找到了共同的朋友——伯纳德和高更，因为他在巴黎时也在柯莫老爷子的画室学过画画。认识博赫后，文森特才意识到自己并不是第一个想离开巴黎另辟蹊径的画家。

　　来阿尔勒的头几个月，文森特的日子过得特别充实。每天至少能完成一幅画，天气好的时候甚至能画两幅；回旅馆时如果天还没黑，他还会画些水彩；夜里有时也会点着蜡烛画些素描。身边的一切都能成为他的题材，一棵杏树、一双破鞋、一本书，什么都不放过。

　　这个时期他的主色调是黄色，从他给颜料店开的购物单就能看出来——柠檬黄的需求陡增。自从踏足阿尔勒的那一天起他就意识到，黄色就是属于阿尔勒的颜色，麦田、干草堆、古罗马建筑，在阿尔勒金灿灿的阳光照耀下，都变成了金黄色，在湛蓝的天空映衬之下，显得格外耀眼。

他没有一天不在想着盖比，起初几周，他会幻想与盖比在城市的某个角落偶遇的场景。但随着时间的流逝，在和镇上几乎每个人都打了一个照面之后，这种想法变得就像不断加水的咖啡，越来越淡，但咖啡因的味道却不会彻底消失。

他并没有试图去妓院碰碰运气，或者说，他并没有这个勇气。对他来说，那里仿佛就是潘多拉的魔盒，不到万不得已坚决不会去触碰。况且，即使真的在那儿遇见她，自己又能帮上什么忙呢？

他依旧每天发了疯似的画画，"干点别的，转移注意力"——这是从他母亲那儿学来的。从他这几个月的作品量，基本就能判断出盖比在他脑海中出现的次数了。

与作品量同步增长的，还有他的酒量。虽然远离了巴黎那种夜夜笙歌的日子，但喝的酒却越来越多。巴黎人喝酒是为了活跃气氛，而阿尔勒人喝酒则是为了测试暴毙的底线——不喝到吐血绝不停下，即使真的吐血了，也会先看看吐血量再决定要不要继续。这里的人流行喝苦艾酒，那也是邮递员鲁林的最爱，这种酒烈到必须得兑水加盐才能入口，喝多了甚至还会产生幻觉。

除了酒精，他的烟也抽得比在巴黎时多，基本就是一个行走的烟囱，以至于一句话还没说完，就会咳半天。很难判断他会先死于酒精中毒，还是先把肺咳出来，不过这至少为人生增添了几个未知数。

　　每周总有那么几天，文森特会在"午夜咖啡馆"把自己喝成傻子。

　　"午夜咖啡馆"的原名是"火车站咖啡馆"（Café de la Gare），一听就是一个毫无创意的名字。

　　那是一家通宵营业的咖啡馆，也是无家可归的人和醉鬼们的落脚处。

　　经营咖啡馆的是一对典型的阿尔勒夫妻——吉努夫妇。妻子名叫玛丽，勤劳贤惠；丈夫约瑟夫则永远醉着，和镇上大部分已婚男子一样。在吉努夫人的嘴里，丈夫约瑟夫不如一坨屎。所幸，他还算是一坨脾气不错的屎，任吉努夫人如何嫌弃、谩骂，都会一笑了之，从不还嘴。

　　咖啡馆的装潢特别俗气，鲜红色的墙壁和绿色的屋顶，大堂正中放着一张台球桌，被一圈桌椅包围，永远有一两个醉汉趴在桌上打盹。通往后厨的门前摆着一个不到 2 米的小吧台，上面堆满了酒瓶。吉努夫人总是站在那后面擦杯子。她虽然已经年过 40，但依旧气质出众、美丽动人。每当见到她，文森特就会想起当初德加谈论阿尔勒美女时的表情——他当年在这里生活时，兴许也迷恋着吉努夫人。

4 月的阿尔勒夜晚，气候宜人，空气中弥漫着杏花的香味。文森特同鲁林、博赫坐在咖啡馆的露天座位上聊天，他们每次来这儿都坐在这个位子。

　　店里就他们一桌客人，老板约瑟夫摇摇晃晃地走过来同他们聊了几句。不一会儿，吉努夫人也走了过来。她一边放下卷起的袖子，一边告诉约瑟夫自己打算去睡了——他俩就住在咖啡馆的楼上。

　　文森特托着脑袋，盯着吉努夫人。她转身时扫到了他的眼神，叹了口气，伸出食指在他面前摇了摇："啊嗯……别说话文森特，我知道你要说什么，你也知道答案是——不行。"

　　"为什么不行？"文森特像个被驳回买玩具请求的孩子，"他们都做过我的模特，不信你问……"他指着鲁林和博赫说，"只需 1 个小时，最多 2 个小时，绝对不会耽误你做生意。"

　　"那是他们的事，总之我不行。"她叉着腰。

　　"不行，还是不愿意？"

　　"有什么区别吗？"

　　文森特抿着嘴唇无话可说。

　　"我想也是。"吉努夫人故意打了个哈欠，"我去睡了，晚安，小伙子们。"

　　她解开围裙朝楼梯走去，忽然想起什么，转过身指着约瑟夫说:"不许喝酒,听见了吗?否则今晚你就给我睡地板上。"

约瑟夫嬉皮笑脸地敬了个礼:"快去睡吧,你简直就是阿尔勒最美的女人。你们说是吗?"

身旁三个男人以同一个频率使劲地点头:

"绝对是。"

"那还用说!"

"宇宙最美!"

吉努夫人翻了个白眼,仿佛遇到了三个无可救药的智障:"不许让他喝酒,听见没……算了,说了也等于白说。"

这句话倒是一点都没错,她一上楼,约瑟夫就从吧台后面拿了一只玻璃杯,坐到他们中间舒展着四肢说:"终于自由了!嘿嘿!"

"你就不能替我说说好话吗?"文森特对约瑟夫说,"我真的很想画你太太。"

"我?开什么玩笑!你第一天认识我吗?"他给自己倒了杯苦艾酒,举到半空中,"来!为伟大的婚姻制度干杯!"

鲁林第一个响应:"敬他妈的婚姻!"

酒杯碰在一起发出清脆的响声,鲁林像喝咳嗽药水似的闭着眼睛将酒倒进嘴里,还挂了几滴在胡子上。他的脸随之皱成了一团,又慢慢舒展开:"哈……真搞不懂,上帝为什么要创造'老婆'这种生物。"

"话说回来，你这个点还没回家，还真是罕见。"博赫看了看自己的怀表。

"反正现在回去一样会被骂，不如喝畅快了再走。"鲁林又给自己倒了一杯，"换个话题吧，你们最近在画什么，嗯，两位大画家？"

"桃树、杏树什么的。"文森特说。

"你好像已经在果园待了一个多月了？"

"差不多吧。"

"你是想把每棵树都画一遍？"

"事实上已经开始画第二遍了。"

"你想学莫奈那样，画'连作'吗？"博赫插话道。

文森特想了想："差不多吧。"

"那是谁？"鲁林问。

"莫奈？"博赫说，"哇哦，你居然不知道莫奈？他算是当今风景画第一人吧。你同意吗，文森特？"

文森特抬头望着夜空中的星河："在风景画领域吗？确实想不出有谁比他更强。"他朝约瑟夫抛出一个责怪的眼神，"所以我才想多画些人物。近10年内都不太可能有人能在风景画领域超越莫奈，只能从肖像画入手了。"

"没人能超越吗？你觉得罗丹怎么样？"博赫问。

"他的色彩不行。"文森特皱着鼻子摇了摇头。

"那马奈呢？"

"他的画很有想法。"文森特点了点头，歪着嘴说，"但他的色彩却不如印象派浓烈。"

"印象派的色彩就那么……无懈可击吗？"

"也不是。"文森特说，"事实上，最近我发现，印象派的色彩时间久了容易褪色，就像放了很久的面包和刚烤出来的面包的差别，完全是两种形态。"

"这么说，你是找到颠覆印象派的突破口了？"

"我最近确实是在尝试一种新的画法，还没想好叫什么名字，就是把没有调过色的颜料直接涂在画布上，而且要涂得很厚，这样会有种浮雕的质感。"

"没调过色的颜料？那不会不真实吗？"

"真实？追求真实的话拍照片不就行了。"

"也是……"

"我正好带着一幅，可以给你看看。"

文森特弯腰从椅子底下抽出便携式画架，从里面拿出一幅小油画，那是一个小男孩的头像，金黄色的背景，蓝色的帽子，绿色的外套和红色的纽扣。

"这是我儿子！"鲁林在一旁自豪地说。

"哇哦，非常耀眼！"博赫拿起画。

"是吧？他随我。"鲁林得意地用手指转着自己的胡须。

"不不，我是说这用色。"博赫尽可能地伸长胳膊，"我还没见过有人把四种互补色用在同一个画面上的，但是，看起来却并不刺眼。你是怎么做到的？"

"你看这儿……"文森特指了指小男孩的衣领，"玄机都在这个白色的领口上，可千万别小看这一抹白色，它完美地调和了互补色对眼睛的冲击。"

"还真是！"博赫挤眉弄眼地盯着那个比硬币还小的白色领口，反复伸长和弯曲胳膊来调整画与眼睛的距离，"你从哪儿学来的？"

文森特点起烟斗，朝夜空中的繁星吐了一缕长长的烟："在巴黎，跟一个姑娘学的。"

"姑娘？谁？"

"够了，先生们！"鲁林赶苍蝇似的挥了挥手，"请考虑一下我们俩的感受。"他的手指在自己和一旁傻笑的约瑟夫之间来回摆动。

"哦！抱歉。"文森特从博赫手里拿过画，送到鲁林面前，"你觉得这色彩如何？"

"你是故意的吗？！"鲁林开始表演吹胡子瞪眼。

博赫按住文森特的手臂说："文森特，我想鲁林的意思是，他对绘画的话题不感兴趣。"

"噢！"文森特缩回手，生怕鲁林将他手里的画吃了，"抱歉，我们换个话题……"

"这才对嘛。"鲁林瞬间眉开眼笑，像个长了一脸胡须的孩子，"对了，你的房子找得怎么样了？"

"没什么进展，最近比较忙。"文森特耸耸肩，将那幅画放回便携式画架。

"你来这儿有……两个多月了吧？不会打算在旅馆里一直住下去吧？"

"这点我赞同鲁林。"博赫是个好人，他总是赞同全世界，"你总不能在旅馆里创办青年画家村吧？"

"不是画家村，是南方画派！我说了多少次了。"文森特更正道，随后抬头想了想，"不过其实也差不多。你们说得对，我也想尽快找到房子，但我每天都要工作。"

"嘿！约瑟夫！你们家不是有套房子空着吗？"鲁林拍了一下正在朝自己酒杯里倒酒的约瑟夫。

"你他妈怎么什么都知道！"约瑟夫抱怨道。

"你不看看我是干什么的。"鲁林用食指顶了顶自己头上那顶邮递员帽子，看起来很得意。

约瑟夫偷瞄了文森特一眼，耸了耸肩说："好吧，确实，有栋房子空着，就在街角。"

"我能去看看吗？"文森特顺着约瑟夫手指的方向，朝街角张望。

"没问题。"约瑟夫点点头，但立刻补充道，"我是说看房子没问题，随时都可以看。但这事儿我做不了主，你们懂的。"他伸出食指朝楼上指了指，应该是在指楼上的吉努夫人，不然就是在指上帝——两者对他来说也可能是同一个人。

"要不……现在去看看？你有钥匙吗？"鲁林已然站起身来。

"要不……还是等明天吧，我得和玛丽商量商量……"

"别磨磨蹭蹭的了，你个娘炮，快去拿钥匙！"鲁林轻轻推了约瑟夫一下，"否则就别喝我们的酒！"

约瑟夫一脸不情愿地站了起来，或许他更不愿意被当成娘炮。他骂骂咧咧地朝楼梯走去。几分钟后，又一路骂骂咧咧地走了回来，手里多了一串钥匙。

四人提着煤油灯来到街角，文森特算了一下，从咖啡馆走过来只需要12步。约瑟夫指着一栋两层的小楼说："就是这儿。"

文森特退到了马路中间，想看看这栋小楼的全貌。

这是一栋再普通不过的乡下小楼，共两层，二楼正面有两扇窗，其中一扇的百叶窗坏了，侧面各有两扇窗，想必采光不会太差，只是房子的外立面年久失修，有些地方已然剥落，墙角也已布满青苔。

约瑟夫转开门锁，一进门就扑面而来一股霉味。一楼有两个厅，二楼有四间小卧室，地板和楼梯踏上去嘎吱作响，房间里空荡荡的，没有一件家具，四个人的脚步声听起来就像是一排步兵在山洞里行军。

"这楼空了多久了？"鲁林问，他过来的时候还不忘拿着酒瓶。

"我也记不清了。"约瑟夫挠着他那没剩几根头发的脑袋，"反正有一阵了。"

"当初干吗买下来？"

"玛丽觉得这儿位置不错，离火车站又近，稍微装潢一下的话，租金收入应该不错。"

"你真是命好，有个这么贤惠的妻子……结果呢？怎么又空着了？"

"结果她让我来负责装修。"约瑟夫摊了摊手，露出一副"你懂的"表情。

"怪不得……"

鲁林对着瓶子喝了一口，递给约瑟夫，他也毫不客气地来了一大口。

这时文森特正拎着煤油灯从二楼下来，鲁林问他觉得怎么样，但他没听见，因为他正在跟博赫讨论如何分配房间。

"这里可以作为展示空间，把我们的作品全都放在这里，那个厅可以当活动室，楼上四间房，我一间，高更一间，还多出来两间……"

"看样子他很喜欢，你觉得呢？"鲁林看看约瑟夫，他还在往嘴里灌酒。

"问你话呢！"他一把抢过约瑟夫手中的酒瓶。

"干吗呀！"约瑟夫用袖子擦了擦嘴，"说了我做不了主的……不过，如果他愿意自己出钱装修，兴许玛丽会同意。"他将酒瓶抢了回来，补充道，"也只是兴许，毕竟……他是个外国人。"说罢摊了摊手，做出一副"你懂的"表情。

鲁林噘起嘴，用嘴唇上的胡须蹭了蹭鼻子，什么都没说。

他很清楚约瑟夫是什么意思。阿尔勒毕竟不是什么国际大都市，在铁路建成前，大部分阿尔勒人甚至都没见过外国人，因此对外国人的态度向来比较保守，也有可能是害怕。人对陌生的东西会有种本能的害怕，不愿亲近也不敢招惹。加上最近有几个意大利的小混混和轻步兵团的士兵在妓院发生了冲突，最后还闹出了人命。当地人对外国人的态度瞬间跌入冰点——从敬而远之变成了心生厌恶。

"怎么说，约瑟夫？"文森特搓着双手，看起来他是租定了。

约瑟夫耸耸肩刚要开口，就被鲁林打断了："问他也没用，还是明天直接跟吉努夫人谈吧。"

约瑟夫看看鲁林，又看看文森特："确实，你懂的。"

《午夜咖啡馆》(*The Night Café*), 1888

《卡米尔·鲁林》(*Portrait of Camille Roulin*), 1888

亲爱的惠尔：

　　……

　　我认为，在我所有的作品中，《吃土豆的人》无疑是最好的。

　　但巴黎的画商和买家似乎都不这么看。

　　或许提奥说得对，我是应该尝试着画些"好卖"的作品。

　　今年夏天在阿尔勒画风景画的时候，我发现了更多颜色。我得说，我画得不错。然而，提奥还是能说出一堆缺点来……我只希望，随着我的努力，缺点会越来越少。

　　……

文森特

16

阿尔勒美女

文森特从洛特雷克的画室走了出来，手里捧着那幅刚完成的关于塞纳河的画，他打算拿给提奥看看。

提奥的公寓离洛特雷克的画室不远，这会儿他或许正在喝着咖啡看报纸，文森特想要赶在他出门上班前给他看看自己的新作品。

他双手捧着那幅画，穿梭在蒙马特高地的人流中，小心翼翼地避开来往的人群，同时还得避免那个未干透的"红伞女子"沾上灰尘、撞上苍蝇，或者变成路人袖子上的一抹红，仿佛拿着一块方形盾牌在街上跳华尔兹。

总算是安全抵达公寓楼下，刚要过马路时正巧遇到提奥走出大门。

"嘿！提奥！"文森特隔着马路招了招手。

"文森特？"

"今天怎么走这么早？"文森特边过马路边问。

"我今天要提前下班，所以打算早点去画廊里。"

提奥打扮得一丝不苟，笔挺的灰色西装，领子硬得可以直接取下来切蛋糕。

"去约会吗？"文森特嬉皮笑脸地拍了拍提奥的胸口。

提奥摸了摸胸口："三伯回巴黎了，晚上要上他家吃饭。"

"哦？几点？我得回家换套衣服。"文森特看了看自己的衬衫袖口，上面有好几个小洞。

"呃……"提奥欲言又止。

"哦！他没有邀请我对吗？"文森特说，"没关系，我……"

"没事的，"提奥轻轻拍了拍文森特的肩膀，"我一会儿就差人去跟三伯说一声，相信他见到你会很高兴的。"

"算了吧，我还是……"

"还是去吧。"提奥打断他说，"如果他知道你在巴黎却不去拜访他，会觉得你不太礼貌。"

"好吧。"文森特点点头。

"你这是什么？"提奥指着文森特手上的画。

"哦！这是我新画好的……"他把画转过来递给提奥，"想拿来给你看看。"

提奥双手接过画，伸直了手臂，眼睛在画面上打转。文森特站到他身旁，用手指搓着袖口的破洞，像个等老师批改作业的小学生。

"这幅……画了多久？"提奥问。

"五六天吧。"其实只画了五六个钟头。

提奥点了点头，说："走，先把它放到楼上去。"

"你不是着急上班吗？"

"那也不能带着它去啊。"

当然不能带着一幅画去画廊，就好像不能带着一颗保龄球去保龄球馆一样。显然，文森特的画依旧"没有准备好"。

"我可以把它拿回去。"

"没关系。"

提奥用两根手指钩着木框，转身走进公寓大门。文森特也跟了进去。

进屋后，提奥将画放在桌子上，往后退了几步，手顶着下巴仔细端详了一番。文森特的目光在那幅画和提奥的脸上来来回回，手指把袖口的小洞越抠越大。

"不错。"提奥点头说，"我就说，画得慢一点会有好效果吧。"

文森特长舒了一口气，点了点头。

"越来越接近印象派的风格了。"提奥看着那幅画，"色彩、构图，进步都很大，我特别喜欢那个撑红伞的女人。"他用小拇指点了点那个女人，"很有想法，真的，加在这里整个画面都变得和谐了。"

文森特咧着嘴，有节奏地点着头。

"进步真的很大。"提奥看看文森特，又看看画，"我是认真的！如果将它和你来巴黎之前的作品放在一起，简直就像两个人画的，整个画面都亮了，这已经很印象派了！"

提奥兴奋地拍了拍文森特的肩膀："恭喜你，文森特，终于找到正确的方向了。"

文森特点了点头，什么都没说。

"你怎么看起来不太满意？"提奥看了看文森特。

"满意，当然满意！越来越像印象派了，不是吗？"文森特挤出一个微笑。

"印象派就是未来，相信我。"提奥坚定地点了点头，"只要坚持往这个方向画下去，我相信，很快就可以拿到画廊里试试客户的反应了。"

"那再好不过了。"

"我该走了。"提奥看了看表，"哦，对了，你还没吃午餐吧？"

"你怎么知道的？"

"都写脸上了……厨房有鸡蛋。"

文森特摸了摸自己的脸，心想这张脸这两天究竟是怎么了？

"你走的时候记得把门带上。"提奥已经走到了门口，"对了，晚上 7 点在三伯的公寓楼下碰头，别忘了。"

咔嚓——门关上了。

文森特独自待在提奥的公寓里，看着那幅画，自言自语："越来越像印象派了吗？"

……

回到他自己的阁楼后，文森特躺在床上小睡了一会儿。醒来时已是下午，时间点正合他意——不用为已经过去的午餐担心，而晚餐也越来越近，知道自己晚上又能饱餐一顿，实在是件让人振奋的事。

他并没有立刻爬起来，而是躺在床上胡思乱想。

自己都已经 34 岁了，居然每天还在蹭饭和去蹭饭的路上过着日子，想想也是丢人。他的第一次蹭饭经历要追溯到 19 岁那年，那时他刚开始在三伯的画廊上班。提奥那年暑假去看他，那段时间提奥总是闷闷不乐的，但不知道原因。那些青春期的烦恼，最好还是别去问他。

人的记忆就是这样，由许许多多碎片组成，碎片与碎片之间都是不连贯的。

文森特记得他俩去汉尼贝克家蹭了一顿饭，但想不起吃的是什么了。

他也记得他俩为了省钱，步行了一个上午才到达位于史佩街角的那栋豪宅，却怎么都想不起那房子究竟是什么样子。

路上还在一家老磨坊，他们买了两瓶牛奶，一个子儿一瓶，那鲜牛奶的味道，至今依然记得清清楚楚。

他能想起卡洛琳小姐金色的头发在阳光下飞舞的样子，实在太迷人了，但却怎么都想不起她的样子了。

那天还闹了个大笑话。

说起来，卡洛琳小姐算是文森特的初恋……只不过她自己并不知道这件事。这短暂的爱情之火只用一顿饭的工夫就被一盆隐形的冷水彻底浇灭了。兄弟俩蹭的这顿饭，其实是卡洛琳和她表哥范·施托库姆的订婚宴会。文森特本打算在饭后跟她表白的，幸亏她父亲汉尼贝克讲了祝酒辞，否则就出大丑了。

提奥为这事笑了他整整一个夏天，但文森特倒不怎么生气。偶尔犯个傻就能换回弟弟脸上的笑容，本就是一笔挺划算的买卖。

人的记忆都是由碎片组成的，把这些碎片串起来，就成了故事。

他从床上爬了起来，开始思考晚餐时要穿什么衣服。这并不是个多难的问题，因为他也就一套像样的衣服——就是19岁那年去汉尼贝克家穿的那套，居然已经穿了十几年了，真是不可思议。

他对着窗台上的小镜子，一丝不苟地把那张胡子拉碴的脸刮干净。此时天色已经暗了下来，他照了照镜子，心想这时候如果有个会变南瓜马车和水晶鞋的精灵那就完美了——或者有 100 法郎也行。

……

三伯的高级公寓位于巴黎市中心的黄金地段，就在凯旋门的旁边，站在阳台上还能看见那个布什么涅森林。文森特来巴黎 1 年多了，还是不知道它要怎么发音。

他到得很早，但没有直接上去，而是站在马路对面等提奥。实在不好意思空着手上去，等提奥来了，至少还能把弟弟当作见面礼送给三伯。

临近 7 点，一辆辆高级马车在公寓门口排起了队，车上下来的男男女女看起来一个比一个优雅，他们盛装打扮的样子就像是来参加拿破仑加冕仪式。

提奥的马车终于到了，他下车后就四处张望，并在第一时间看到了马路对面的文森特。

提奥并没有问文森特为什么不上去，而是朝他怀里塞了瓶香槟。

"见面礼，一会儿给三伯。"提奥说。

"那你呢？"文森特见提奥手里除了手杖，什么都没拿。

"你就是我的见面礼。"提奥笑着拍了拍他的肩膀。

……

两个男仆在门口接过他俩的外套和提奥的帽子，文森特没戴帽子，这种场合把他那顶破草帽戴来似乎也不大合适。

"这不过是一次随意的小聚。"提奥凑在文森特耳边,在"随意"两字上加强了语气。

文森特顺着提奥的目光,看了看公寓里攒动的人头,有五六十人,他们三五成群地围在一起,装腔作势地互相寒暄,虚伪地笑成一团。

男人们戴着白手套,女人们则用帽子上的配饰争奇斗艳,让人有种误入了植物园的错觉。

巴黎画坛的重量级人物几乎悉数到场,文森特飞快地扫了一遍他们的脸,马上就认出了几个大明星——威廉·布格罗、康纳利斯·施普林格……他们都是经常上报纸的大画家。他还看到了柯莫先生。"最好别让他看见我。"文森特心想。他曾去他的画室上过几天课,还在他的课堂上认识了洛特雷克。但后来被赶了出来,就因为柯莫先生不喜欢别人管他叫"自相矛盾的弱智"。

"文森特!"

三伯张开双臂朝他走了过来。

所有人的目光都集中到了文森特的身上,当然,包括柯莫先生。文森特和三伯拥抱时瞟了他一眼,看见他摇了摇头,好像还翻了个白眼。

"怎么样?还好吗?"三伯说话不喜欢用主语,他热情地握住文森特的手。

所有人都说三伯和他父亲很像，当然包括三伯自己。但文森特并不觉得，就像他不觉得自己和提奥长得有多像，但所有人都这么觉得。

"还行吧……"

文森特将目光从三伯脸上移开，将提奥的那瓶香槟递给他。他接过酒，看都没看就顺手交给了身边的管家，握着文森特的那只手一直都没放开。

"真的还好吗？你父亲葬礼之后，我们还没见过……"

"真的挺好的。"

"啧啧！和你父亲年轻时简直一模一样。"

三伯厚实而有力的手紧紧握着文森特的手，始终盯着他的眼睛。文森特被他看得有些不自在，站在原地一个劲儿地傻笑。

"唉……葬礼上没机会好好聊，听提奥说，你开始做画家了？"

文森特点了点头，有些不好意思。

"这样好！不管怎样，只要回到艺术圈——我就能罩着你。"

文森特没听清三伯说的究竟是"罩着你"还是"照顾你"，因为他一直在拍自己的脸。

三伯总算放开了他的手，对他身后的提奥说："照顾好你哥哥。"随后又拍了拍文森特的肩膀，盯着他看了1秒钟，转身招呼其他客人去了。接下来轮到克妮莉娅伯母捧着文森特的脸了，她用不同的音调重复着说文森特瘦了，脸色也差，她显然注意到了文森特衬衫袖口的破洞，捏着一个劲儿地摇头。或许文森特在伯母眼里就像个乞丐，但他知道这是伯母爱他的表现。

看到这对老夫妻站在一起，文森特想起了自己的爸妈。他们长得一模一样——克妮莉娅伯母同时也是他的姨妈，关系听起来有点复杂，其实就是两姐妹嫁给了两兄弟的故事。文森特小时候还用这层亲上加亲的关系给提奥出过一个题——一辆马车里坐着哥哥、弟弟、姐姐、妹妹、丈夫、妻子、小姨子和小叔子，那么马车里一共有几个人？文森特还记得提奥当时的答案是：去你的。

"他们向来就把你当儿子看待。"克妮莉娅伯母走后，提奥用手肘戳了戳文森特。

"他们对你不也一样。"

提奥摇摇头："我从来都是'二号'，你的替代品。"

"瞎说！"文森特偷偷瞄了提奥一眼，他的表情一如既往地平静。

"我得去那边跟几个客户打声招呼。"提奥捏了捏文森特的手臂，"你一个人没问题吧？"

"放心，我不会捣乱的。"文森特举起双手。

提奥走进人群中，仿佛掉入大海的一滴水，很快就和几个暴发户模样的人谈笑风生起来。文森特从男仆那儿拿了杯香槟，找了个墙角站着。

每个人都很享受派对的氛围，至少看起来很享受，而只有文森特看起来有些格格不入。

不过很快他就找到了乐趣。

从门口到客厅有一条长长的走廊，每当有宾客驾到，门口的男仆便会朝客厅吼一嗓子，报出他们的名字和头衔——毛里斯公爵及夫人、安德鲁先生及太太……名字总会比本人先一步进入宴会，这便是文森特的乐趣所在。

他靠在走廊尽头的墙壁上，透过名字想象那人的样子，几秒钟后"正确答案"会自己走进来。

他向来是个擅长自娱自乐的人。

"安东尼伯爵及夫人……"男仆吼道。

"我的天，更像是安东尼伯爵及外孙女。"

"菲利普子爵及夫人……"

"要我说，应该是菲利普夫人和她的马。"

"埃德加·德加先生……"

"德加？"

听到这个名字，文森特不由自主地站直了身子。

一个满头银发的男人走了进来，高、瘦，一张毫无表情的脸，搭配着两条满不在乎的眉毛，鼻尖上架着一副墨镜。巴黎画坛都认得这副墨镜，据说他的眼睛在普法战争时受过伤，因此不能看强光，人们便管他叫"见不得光的画家"。

提奥见德加进来，立刻走过去，而德加只是轻描淡写地朝他点了点头。提奥随即把他介绍给了三伯。听不见他们互相说了些什么，但德加同三伯握手的表情，高傲得像个正在接见子民的国王。

这时三伯的大管家走进客厅，请众人去餐厅入座，晚餐准备好了。

"总算能吃了。"文森特心想。

超长的餐桌两旁逐渐坐满，每个人对照着桌上的名牌依次入座，文森特大概扫了一圈，其他人的名牌都是印刷的，只有他那张是用手写的。看得出座位次序是精心安排过的——那些看起来应该坐在餐桌中间的"重要人物"，果然坐在了餐桌的中间。

文森特则被安排在餐桌末尾，他看了看自己右手边的座位，想看看到底哪个倒霉蛋坐在自己身边。正当他凑过去看名牌上的名字时，椅子被男仆拉开，德加坐了上去。他看了文森特一眼，文森特还没来得及对他微笑，他就已经把脸转了过去。

提奥坐在三伯的身边，餐桌中心的位置，三伯正在将梵高家的这位青年才俊介绍给那些"重要人物"。桌上的宾客基本都有女伴，除了德加、提奥和文森特。

德加向侍者要了一杯白葡萄酒，并没有喝，笔直地坐着，一脸闷闷不乐的样子。

文森特心想：不管怎么说，自己也算是东道主的家庭成员，应该主动招呼一下客人。

他朝德加举起酒杯："晚上好，德加先生。"

德加把墨镜往鼻尖移了移，视线跳过镜片打量着文森特。

"晚上好。"他也举起酒杯，"阁下是……"

"文森特——"他将酒杯换到左手，朝德加伸出右手说，"梵高。"

德加的两条若无其事的眉毛微微跳动了一下。

"梵高？"

"是的，德加先生。"文森特朝三伯看了眼，"那是我伯父。"

"幸会。"德加点了点头，但他握文森特手时的力道让人感觉不出有多"幸会"。

他放下酒杯问道："你是提奥的兄长？"

"是的，他是我弟弟。"

"原来如此。"德加的眉毛回到了若无其事的状态，"你跟你伯父同名？"

"是的，我们都叫文森特。"他笑了笑，"我们家在取名字这件事上似乎没什么天赋，我爷爷也叫文森特。"

文森特知道"家丑不可外扬"，但是像这样自嘲性质的"家庭趣闻"却是个不错的聊天开场白（事实上也屡试不爽）。

德加点了点头，面无表情。

他的冷漠让文森特单方面觉得有些尴尬，于是他试图把自嘲升级，拿腔拿调地说："实在不知道取什么名字，就叫他文森特吧。这或许是我们家的习俗,哈哈哈……哈……"

德加看了他一眼，这次连眉毛都懒得动了。

文森特只能用喝酒来掩盖自己的尴尬，心里觉得自己像个傻子。

……

终于上菜了，前菜是一块鲜嫩的牛脸肉，跟硬币差不多大小。文森特嚼都没嚼就吞了下去，要不是在众目睽睽之下，他早就拿起盘子舔了。

德加看了看文森特的盘子，指着自己的那块牛脸肉问："再来点吗？"

"您不吃？"

德加摇摇头，做了个"请用"的手势。

"如果您不介意的话……"文森特伸手将自己的盘子跟德加的换了换。

德加看着文森特狼吞虎咽的样子，问："那么好吃吗？"

"其实没啥味道。"

德加的嘴角微微扬了扬，立刻恢复成原状。

"您不饿吗？"文森特问。

"来之前吃过了。"德加掂着酒说，"参加这种上流社会的派对，最好还是事先'准备'一下。"

"原来如此，这方面我确实没经验。"

"这方面的经验有个屁用——对你的事业没好处。"

"但是对我的胃有好处。"文森特自嘲着说。

"你那幅《吃土豆的人》画得不错。"德加扬起一边的眉毛。

"您见过？"

德加并没有回答文森特这个"显而易见"的问题，而是摇了摇头说道："但那之后的画……不怎么样。"

文森特轻轻叹了口气："我最近正在努力模仿印象派的画风。"

"为什么？"

"因为那比较好卖。"

德加轻蔑地笑了笑。

"难道不是吗？"文森特问。

"可能是吧，但那又怎样？"

"可是……您自己不就是印象派画家吗？"

"从来都不是。"德加皱着眉头说，"傻子才去户外画画。"

"您的画都是在室内完成的？"

"不然呢？画画又不是搞体育运动。"

文森特喝了口酒，觉得自己像个傻子。

……

主菜是一块鱼，看起来挺贵的，比那块牛脸肉大一些，但也大不了多少。

德加看了看，也不多问，直接切了大半块鱼放到文森特的盘子里。

文森特看看德加，又看了看那块鱼："这儿的人您都认识吗？"

"大部分。"德加切了一小块鱼放到嘴里。

"您和布格罗先生挺熟的吧？"文森特看着三伯对面的银发老头，"他太太看着可真年轻。"他将目光移到老头身边那个看起来只有15岁的女孩身上。

"那才不是他太太呢，"德加头都不抬地说，"那是个芭蕾舞演员。"

"演员？"

德加放下刀叉："你不知道吗？这张桌上一半的女人都是跳芭蕾舞的，你看坐在那头的菲利普子爵。"

"那个马脸？"

"对，那个马脸。"德加的嘴角微微扬起，"他可在身边那个女人身上花了一大笔钱。"

文森特看了看"马脸子爵"身旁的女子——戴着俗不

可耐的头饰，刚吃了半块牛脸肉就装腔作势地说自己饱了。

"钱都花哪儿了？"

"花钱捧她呗。"德加理所当然地耸了耸肩。

文森特点点头，依旧没听懂："芭蕾舞……呵呵……这种高雅艺术我可欣赏不来。"

"高雅个屁！"德加呸了一声，"都是些幌子。"

"幌子？什么幌子？"

"就是可以让人看起来优雅地……"德加打着响指，"打炮？做爱？一夜情？你们年轻人是怎么叫来着？反正就是那么回事儿。"

"等等，看芭蕾舞，是做爱的幌子？"文森特听得一头雾水，"您是说，这些芭蕾舞女，其实都是……都是妓女？！"

好几个人朝他这边看了过来，显然他们都对"妓女"这个词特别敏感。其中有两个男的和德加的目光交汇时，朝他诡异地笑了笑。

"也不完全是。"德加用餐巾擦了擦嘴，"毕竟她们也算有一技之长。不过，那么多学芭蕾舞的小姑娘，又有几个能真正站到舞台中央的？她们也得生活吧。"

"所以就卖身了？"

又有两个人朝这边看了眼，德加拍了拍他的手臂示意小声点："这不叫卖身。我的大，你说话怎么跟土匪似的？"他接着说道，"芭蕾舞圈管这叫'接受爱慕者的追求'，只不过那些爱慕者……"他朝长桌中央部分仰了仰脑袋,"大多都是些已婚的有钱人罢了。"

文森特很想再问得细一点,比如说她们会为爱慕者提供什么服务之类的……但害怕再刨根问底下去,自己又会变成个多嘴的呆子。想要换个话题,此刻脑子里却又都是"卖身、包养、打炮"之类的词。

"那……除了芭蕾舞,还有什么其他'幌子'吗?"

"大碗岛……"

"大碗岛?"文森特张着嘴,"那不是个游泳、晒太阳的景点吗?"

"你来巴黎多久了?"

"1年多吧。"

德加意味深长地点了点头,又让侍者给自己加了点白葡萄酒。

"这么说吧。"德加抿了口酒,"大碗岛和芭蕾舞还不一样……那儿就是个直截了当的卖淫地。"

"啊?!"文森特连人带椅子被往后震了2厘米,"我们说的是同一个大碗岛吗?"

"不然呢?"

文森特张着嘴半天合不住,他晃了晃脑袋:"等等,您是说,乔治·修拉画的那幅《大碗岛的星期天下午》,其实是个妓院?"

"谁告诉你那儿是妓院了？"

"你啊。"

德加的眼神仿佛在说："你真的是个呆子吗？"而文森特则像个呆子似的张着嘴，就差流出口水了。

德加放下刀叉，把自己的椅子朝文森特这边转了一点。

"这么跟你说吧。"他说，"大碗岛呢，是个接头的地方，对上眼了，就能……你懂吧。"

文森特点点头，又飞快地摇了摇头。

德加也微微摇了摇头。

"对了，那你看过卢浮宫里的那幅《舟发西苔岛》吗？"

文森特点了点头。

"那不就是在用隐晦的手法，表现不可描述的事吗？"德加说，"那幅《大碗岛的星期天下午》也一样，如果都说得那么明白，干脆叫《舟发妓院岛》得了。"

文森特捏着自己的下巴，靠在椅背上呻吟了半天，仿佛刚刚悟透了宇宙奥秘。

"哦……啊……怪不得！"他意味深长地点着脑袋，"您解答了我长久以来的一个疑问。"

"什么疑问？"

"我以前一直搞不懂，那些有钱有势的人，究竟去哪儿解决生理需求。"他瞪着眼珠子，像是要说什么不得了的小道消息，"反正我是从来没在妓院里见过什么权贵阶级，去那儿的都是我这样的穷光蛋。"说完自嘲地笑了笑。

要和一个男人打开话题，聊女人永远是最佳方式。

"哇噢……实在没想到，修拉的那幅画居然还有隐藏含义，真是厉害！"文森特仰着脑袋，自顾自地呻吟。

"厉害在哪儿？那些小点？"

文森特陶醉地说："不光是小点，我是说，他不仅发明了一种新的艺术表现手法。我直到现在才知道，在视觉的背后，居然还蕴藏着别的含义……"

"你管那叫艺术表现手法？在苍蝇拍上刷漆也有同样的效果。"德加皱着眉头。

文森特听出了话中的火药味，没有再往下说什么，而德加居然刹不住车了。

"至于你说的那什么隐藏含义，巴黎谁不知道大碗岛那点破事儿？也只能唬唬你们这些外国人。"

德加说这些话时，看上去一点都不激动，像个不动声色的冷面杀手。

"那您觉得，高更的画怎么样？"

文森特冷不丁这么一问，原以为德加会把高更说得同样一文不值，或者压根就不认识他——没想到的是，德加的态度居然转了一百八十度。

"高更？他的画还有进步的空间，应该说有很大的进步空间，而且——"他摘掉墨镜，"这个人一定能成大事！"

"成大事？为什么？"

"说不清。"德加说，"他身上有种不择手段的狠劲。"

狠劲？文森特开始回想高更昨晚酒后胡言乱语的样子，"他昨晚正巧跟我在一块儿吃饭，还跟我说了他的一个点子。"

"什么点子？"

于是文森特把高更昨晚的"点子"大概讲了一遍，德加全程面无表情，也不搭话，不过从他微微抖动的眉毛可以看出，他听得很认真。

"您怎么看？"文森特在结尾问道。

德加思考片刻，拿起酒杯晃了晃。

"如果真的要离开巴黎，我建议你们去一个地方。"他说，"法国南部有个叫阿尔勒的小镇。"

"阿尔勒？"文森特问，"那儿有什么特别之处吗？"

德加继续晃着酒杯，眯起了眼睛："那里的女人特别漂亮。"他的表情有些瘆人，仿佛一个正在谈论少女脖子的吸血鬼。

"您去过那儿？"文森特问。

德加闭了闭眼睛，算是点了个头。

"几年前，我遇到过一个来自阿尔勒的女孩。她是巴黎马戏团的驯马师，每个周末，几乎全巴黎的单身汉都会齐聚马戏团，就为看她一眼。"

"她很美吗？"

"怎么说呢，关于美女的判定，是因人而异的。"他点了点头，"她的美，并不是表面的美，而是那种……能够激发创作灵感的美。"

"缪斯？"

"或许吧。"德加说，"说来也奇怪，每次只要一遇到她，我就有种想要马上拿起画笔创作的冲动。"

文森特越听越觉得玄乎："后来呢？"

"后来？后来她成了雷诺阿的女朋友，你知道雷诺阿吧？"

"当然……"

"嗯，再后来，我试图去阿尔勒寻找那种她身上的灵感。"

"您找到了吗？"

德加没有回答，用鼻腔轻轻哼了一下，把酒杯里剩下的葡萄酒都喝完了。

"不管怎么说，"德加扬起眉毛，"阿尔勒的女孩确实漂亮。"

"她叫什么名字？"文森特问。

"谁？"

"那个马戏团女孩。"

德加沉默了几秒钟，似乎在思考，但并不是想不起她的名字，而是在思考要不要说出来。

"盖布里埃尔……"他最后还是说了，"我们都叫她——盖比。"

《提奥·梵高》(*Portrait of Theo van Gogh*), 1887

亲爱的提奥：

我现在忙着装饰房子，已经在家具上花了 250 法郎，用剩下的钱买了几把椅子、一面镜子，还有一些必需品。总之，我下个星期就能搬到黄房子去住了。有一天你会看到这座美丽的黄房子，屋子里洒满阳光，窗户亮着灯，头上繁星满天。

从现在开始，你可以认为自己在阿尔勒拥有一座乡村住宅。我很想将它布置成你喜欢的模样。如果你 1 年后来度假，房子就是现成的。我打算在房子里从上到下都挂满画。

我全部都计划好了——这将是一座画家的房子，但并不做作。这里没有一样东西是做作的，从椅子到画全都有自己的特点。早上你打开窗户，就会看到绿意盎然的公园、东升的旭日和通往城里的道路。我写到这里的时候，忽然有个有点像我们父亲的长得有点滑稽的农民进了午夜咖啡馆。他们真的太像了，特别是那种畏畏缩缩、筋疲力尽的样子，还有那张轮廓不清的嘴。

为了作画，我们已经花费了那么多钱。我们必须一同努力，让我们的作品价值抵得上投入的成本，甚至超过它。我想这一天终究会到来的。我早晚会将这笔钱赚回来的。

迟早会看到那一天的。

在想象中握你的手。

你永远的

文森特

1888.9.9

17

黄房子

　　文森特原本是铁定租不到这所房子的，从吉努夫人的眼神就能看出来——她瞪着约瑟夫的眼神，简直要把他给生吞了。

　　而约瑟夫则缩着脑袋，摆出一副"我也没办法"的表情，接着用眼神把责任都推到了邮递员鲁林身上。

　　鲁林倒是很乐意为文森特做担保，可他在吉努夫人眼里也算不上什么好鸟。事实上所有光顾过午夜咖啡馆的人在她眼里都不是什么好鸟。从她的角度看，那里就是个"坏鸟俱乐部"，讽刺的是，她还得靠这些"坏鸟"养活自己。

　　最后，鲁林不得不把自己的太太请来为文森特说情，吉努夫人终于勉为其难地答应了下来，但条件是让文森特出钱粉刷房子，以及给房子裹上暖炉。

　　文森特爽快地接受了吉努夫人的条件，事实上即使她不提要求，他也会这么做，毕竟这可是南方画派的"未来总部"。

……

一周后他就交了三个月的房租，当然都是提奥寄来的钱。他还用那笔钱买了几桶油漆，把房子漆成了黄色，这是他唯一能想到的颜色。

他用剩下的钱买了几把椅子——有一把是他的，另一把是高更的。

两把椅子的样子和颜色都不一样，他自己的那把相对普通一点，而高更的那把，则是带扶手的硬木椅，看起来像国王的宝座。

虽然黄房子依旧空荡荡的，但不管怎么说，一切都在往好的方向发展。

提奥来信告诉他，前不久将他的几幅作品送去一个独立艺术家展览参展，效果还不错。伯纳德也来信说了同一件事，但口气完全不同——"彻底爆了……人们争先恐后地看你的作品，议论这个突然冒出来的奇才。"即使在他俩的叙述中取一个中间值，应该也不能算太差。

除此之外，还有两个板上钉钉的好消息。第一个是他终于卖掉了第一幅画，画的是阿尔勒的一个葡萄园的傍晚，金色的夕阳把葡萄藤照成了红色，农妇们弯着腰采摘。

那幅画卖了400法郎。作为第一幅卖出去的画，这是一个不错的价位了，要知道当年雷诺阿的第一幅画也就卖了400多法郎。

买家是一位名叫安娜·博赫的女士，她是文森特的朋友——那个比利时画家博赫的姐姐，不过这笔买卖并没有掺杂着友情成分，至少博赫是这么说的。

另外一个好消息是，高更总算把来阿尔勒的日子定了下来。虽然反反复复地拉扯了大半年，但总算是定了下来。他会在夏天过后到达，差不多10月中旬的样子。高更最终的决定跟提奥有很大的关系——提奥答应替高更偿还一笔数额不菲的债。

虽说建立南方画派是兄弟俩共同的计划，但每次听到提奥为此花钱的消息，文森特还是会感到愧疚，而他唯一能做的，就是拼命地画。

几个月来他画了近百幅画，并将其中一些比较满意的挑出来寄给提奥，又将寄走的那些复制了一份挂在黄色小屋的墙上。他的作品量已经足够办一个不错的"文森特·梵高个人展览"了。

全部挂上墙后，文森特坐在自己那把椅子上看了半天，觉得这样挂满整个屋子太过自大了，于是又一幅一幅地摘了下来，只留了两幅《向日葵》。

向日葵，从小对他来说就有着与众不同的意义。

真正成功的画家都有个人标识，就好像睡莲代表了莫奈，芭蕾舞女代表了德加。在不久的将来，当别人看到向日葵，就会想到文森特·梵高。

总之，不管怎么说，一切都在往好的方向发展。

直到高更的出现。

《黄房子》(*The Yellow House*)，1888

亲爱的提奥：

　　今天工作的时候，我想了许多伯纳德的事情。

　　他的信中字里行间充满了对高更才华的仰慕——他说高更太伟大了，以至于对他心生畏惧，还觉得自己画的任何东西都无法同高更的作品相比。你知道，去年冬天伯纳德还在同高更吵架。从长远来看，无论他们是何种关系，无论还会发生什么事，只要这两位画家是我们的朋友，我就非常欣慰。我希望他们一直都是我的朋友，无论我们的最终结局如何。

　　……

文森特

18

保罗·高更的点子

"我就是那个——受精卵。"

保罗·高更脱下红色的贝雷帽，微微踮起脚后跟鞠了个 4.5 度的躬。

深夜的咖啡馆里，气氛有些尴尬。坐在文森特对面的伯纳德，就像个被警察逮住的扒手。高更看上去倒并没有不高兴，反而满脸堆笑地看着他俩。

"刚才多有冒犯，恕罪恕罪。"

文森特心想赖是赖不掉了，干脆站起来朝高更伸出手，高更也伸出手和他握在一起。

"事实上，你说得一点都没错。"高更说，"我在艺术圈，就是个受精卵。"

他指指伯纳德身边的一把椅子："能加入你们吗？"

"当然。"文森特做出一个邀请的手势，"要叫点东西吃吗？"

"可以吗？"高更拍着肚子，"我正好饿了。"

文森特坐下时瞄了一眼高更刚才坐着的那张桌子——看起来他在那儿坐了半天什么都没点。文森特居然完全没注意到他是从什么时候开始坐在那儿的，能这样不动声色地听别人议论自己，也真是沉得住气。

高更举手叫来侍者，点了一块牛排、一盘芦笋，又拿起桌上的半瓶酒看了半天，摇了摇头，将它放回原处。"先生们，这家店有一款不错的红酒，不知你们是否愿意试试？"

……

最后结账时，侍者拿来一张 45 法郎的账单，高更急忙做出掏钱包的样子。文森特按住他的手说："今天说好我请客。"

"那就恭敬不如从命了。"

高更真诚地笑着。

……

当第四瓶红酒下肚时，伯纳德已经跟往常一样，趴在桌子上睡着了。

酒精真是个好东西，总能让气氛变得融洽，并让所有人都变得可爱起来。

酒过三巡之后，文森特开始觉得高更这人也没那么讨厌，至少没有莫奈说的那么讨厌。

酒精确实是个好东西。

高更将瓶中最后一点酒同文森特分了，晃晃悠悠地举起酒杯："敬受精卵！"

两人一口干掉。

"文森特！"高更把酒杯推到一旁，"我有个很棒的点子，还从来没跟别人说过。"

文森特目光呆滞地望着高更。

"你想听吗？"高更问。

文森特笑了，高更也跟着一起傻笑起来。

两人就这样莫名其妙地傻笑了 1 分钟，最后高更说："认真的！我有个好点子，你听听吧？"

他将酒杯推得更远了些，把胳膊肘架在桌子上，像是准备发表重要讲话。

"我以前是个生意人，那小子应该已经跟你介绍过了。"他朝趴在桌上的伯纳德瞄了一眼，"对我这种生意人来说，最重要的事情就是——调配资源。你懂吗？"

文森特摇摇头。

"好吧，我尽量说得通俗些。"高更说，"巴黎的艺术市场已经趋于饱和……"

"能再通俗点吗？"文森特问。

高更想了想："好吧，这么说吧，在巴黎，如果你往街上丢一颗炸弹，炸死三个人，其中至少有一个是画家。"

文森特掰着手指，脑子里想着另外两个死者是干吗的。

高更越说越大声："巴黎画画的人比看画的人还多，人人都想成为印象派。他们画的题材也都千篇一律，火车啊、赛马啊、芭蕾舞女什么的……这些题材，人们早就看腻了！印象派也已经过时了！"

"印象派已经过时了？"文森特拍了拍额头，一脸遗憾，"妈的，我正想加入他们呢。"

"千万别！"高更轻拍文森特的手臂，"你一定得听我的，兄弟！这件事我最有发言权。"

"你是印象派负责人？"

高更摇摇头："我应邀参加了最近的一次印象派画展。"

"是去参观吗？"

"什么参观！是参展！"高更皱起眉头，"你去看了吗？"

文森特点头。

"没看到我的作品？"

文森特摇头。

"没关系，"高更看起来并不在意，"反正也是些无关紧要的作品……不过这次展览让我确信，印象派已经走到头了！"

"哦？"文森特用力睁开眼睛。

"成天给巴黎人看香榭丽舍大街、圣拉扎尔火车站，不就等于将咖啡豆卖给哥伦比亚人，将瓷器卖给中国人吗？"

文森特晃了晃脑袋，感觉自己有些神志不清。什么咖啡豆和瓷器？怎么还有中国人的事儿？

"嘿！文森特！"高更突然拍了拍文森特的手，"你喜欢日本浮世绘吗？"

"嗯，我爱死浮世绘了。"

"浮世绘为什么在法国那么火爆？"

没等文森特来得及思考，高更便道："就因为法国人画不出来啊！"

"所以……你的点子是……我们应该改画浮世绘？"文森特打了个嗝。

高更一口气说了20个"不"。

"巴黎那么多画家，先前是沙龙学院派，现在是印象派，你有没有发现，永远是一帮老头子霸着市场不肯让位。我们想要在巴黎画坛立足，只有一个方法——离开巴黎！"

"在巴黎立足的方法是……离开巴黎？"文森特有些头晕。高更用力点了点头，像个被问到喜不喜欢冰激凌的小孩。

"在巴黎立足……要……离开巴黎？"文森特再一次重复了他的问题，确认自己没听错。

"你可能觉得我在开玩笑。"

"不，你看起来认真得要命，但是……去哪儿？"

"要我说，越远越好！"高更摸着下巴，抬起头，仿佛在看一张悬在半空的隐形地图，"中国、日本、马达加斯加……哪儿都行。"

"我好像有点醉了。"文森特揉着太阳穴。

"确实，"高更说，"听起来确实有点不切实际，所以我打算把目标降低一些，可以先从法国乡村开始。"

"就像巴比松派那样？"

"就像巴比松派那样！"高更说，"去乡下……去小镇……总之不管去哪儿，只要离开巴黎就行！离开巴黎就能画出巴黎人没见过的题材，就能再造印象派的奇迹！"

他几乎要站到桌子上了。

"离开巴黎就能画出巴黎人没见过的题材……"文森特在心里默念着这句话，不知怎的，想到离开巴黎，他心里居然有种莫名的兴奋感。

"你怎么看？"高更搓着双手。

"这事儿还有我的份儿？"

"当然啦！你是最重要的一环！"

"啥？"

"事实上，这件事最好由你来牵头。"

文森特朝自己身后看了看，指着自己的鼻子："我？"

"没错，就是你，兄弟！"高更拍了拍文森特的肩膀，"你刚才说得一点都没错，巴比松派是个绝佳的例子。"他抿了抿嘴唇，"嗯……但同时也是个失败的案例。"

"失败？"

“没错，你知道它最失败的地方在哪儿吗？”

没等文森特来得及思考，高更就道：“他们去乡下之前，没有事先和巴黎的画商搞好关系。”

文森特似乎隐约猜到了高更接下来要说什么了。

“而你，兄弟，”高更把手搭在文森特肩膀上说，“你有先天优势，如果我没记错的话，你兄弟就是个画商，是个全巴黎都知道的成功画商。除此之外，你伯父还是画廊老板。”

果然。

“我不喜欢这家伙。”忽然有个声音出现在文森特的脑海中，是个女人的声音，“他看起来特别虚伪。”那是盖比的声音，文森特立刻清醒了过来。

他轻轻推开高更放在自己肩膀上的手，顺手捋了捋自己的头发，就好像不是故意要推开他的手似的。

“没想到，”文森特说，“确实是个好点子。”

“没错吧？”

“连我家人都算计进去了。”

文森特似笑非笑地看着高更。

高更被这突如其来的话堵住了嘴，表情从原先的“得意”变成了“意外”，但也只是在他脸上一闪而过。

他收回双手，插在马甲口袋里：“如果你觉得我是在忽悠你，或是在胡说八道……”他耸了耸肩说，“那也没关系，回去睡一觉，睡醒了就当什么事都没发生过。"

"但如果你醒来后，发觉我说得有道理……"他忽然伸出食指，顶在文森特胸口，"其实你心里知道，你知道我说得有道理。"

"呵……"文森特用一声冷笑来掩饰自己僵硬的表情。

"你是个聪明人。"高更说，"稍微想想就会知道这确实是个好点子。"

文森特低着头，沉默不语。

高更拿起空酒瓶看了看："再来点儿？"

文森特看了看四周，发现整个咖啡店只剩他们三个客人了。

侍者坐在角落百无聊赖地啃着指甲，屋子里回响着伯纳德的鼾声。

"我们走吧？"文森特捏了捏口袋里的几个钢镚，"他们该打烊了。"

……

文森特和高更费了好大的劲儿，才把不省人事的伯纳德弄回家。

"这小子怎么这么沉？他晚餐吃的是铅块吗？"

"可能是花岗岩。"

"妈的，在坟墓里扛死人也比扛他轻松。"

两人一路边骂边笑，把伯纳德拖回了家，原本只要5

分钟的路程硬生生走了半个多小时。当他们合力将他丢上床时，发现他脚上少了一只鞋。

"他来的时候就只穿着一只鞋吧？"

"应该是吧，管他呢。"

从伯纳德的公寓出来时，天已经蒙蒙亮了。两人互道了声晚安，又莫名其妙地傻笑了半天。

刚准备就此别过，高更又叫住了文森特。

他大踏步地走到他面前，鼻子离他的下巴只有 2 厘米的距离……他重重地朝他胸口点了两下，用一种近乎命令的口气说：

"你是个聪明人，好好想想我今晚跟你说的——那个点子！"

《苦艾酒》(*Absinth*)，1887

亲爱的提奥：

　　如果高更愿意加入我们，那对我们来说就是一种进步。这会牢牢确立我们作为南方开拓者的地位，这一点任何人都无法反驳。

　　我很想知道他的计划是什么，我很希望他能来。油画方面的进步来得很慢，所以我们在这方面必须提前规划。如果能卖出去几幅画，高更和我就都能摆脱目前的窘境。如果他和我在这里住的时间够长的话，我们的个人风格就会越来越明显。上帝啊，要是我 25 岁的时候就知道这个地方而不是 34 岁才来该多好啊！

　　他要住的房间——白墙上挂着一大幅黄色向日葵，画上的向日葵总共有 12 到 14 枝，这会是个很特别的房间。

　　……

　　　　　　　　　　　　　　　　　　　　　　　　　文森特

19

你都经历了什么？

高更在 10 月 23 日抵达阿尔勒火车站，和文森特来时乘的是同一班车。去车站接他时，文森特差点没认出他。

那个"大嘴鸟"依旧戴着那顶红色的贝雷帽，但颜色已经发紫，像是一顶步入老年的贝雷帽。他的脸色看起来比那顶贝雷帽更加憔悴，眼圈凹陷，鼻子显得比以前更大了，仿佛一个在海上漂流了 1 年的遇难者。

天晓得他这大半年都经历了些什么。

在见到他之前，文森特心里多少有些埋怨，觉得他这个人有点出尔反尔，说好的事情一拖再拖不算，最后还花了提奥一大笔钱。

但当文森特见到他这副落魄的样子时，反而心生同情。

"我的天，你这段时间都经历了什么？"

可笑的是，这句话并不是从文森特嘴里说出来的，而是高更对文森特说的第一句话。文森特都被问蒙了。

说这话时，高更正盯着墙上那幅《向日葵》出神。

从火车站到黄色小屋只有 30 步的距离，两人除了见面时打了个招呼，一路上什么都没说。而高更一进屋就被墙上那幅《向日葵》吸引住了，一动不动地站在那幅画前。

两个男人就这样并排站着，面对着墙上的《向日葵》。

文森特的目光在画和高更的脸上来回移动，高更的嘴唇微微颤抖，眼里似乎泛着泪，仿佛遇见了多年未见的初恋。

"你觉得怎么样？"文森特小心翼翼地问道。

高更并没有回答，鼓着腮帮子一个劲儿地喘气。

"你哪里不舒服吗？"文森特问。

高更长舒了一口气，缓缓地摇了摇头，两眼依旧盯着那幅画："你这段时间，都经历了什么？"

"谁？我？"文森特被问蒙了，"你指哪方面？"

高更咽了口口水："你……你究竟是怎么做到的？"

他转过脸，看着文森特，眼里充满了羡慕、嫉妒和疑惑。

"做到什么？"

"才几个月不见，你居然……居然已经能画到这种程度了！"

文森特看了看墙上那幅《向日葵》："还不错，不是吗？"

"不错？"高更摇了摇头，阴阳怪气地笑了两声，"你是怎么想到，画向日葵的？"

文森特耸了耸肩，还没开口，高更又抢着问道："是到了这里以后想到的题材吗？"

"或许是吧。"文森特若有所思地用手搓了搓下巴。

"看来，来阿尔勒是来对了……"

"这儿确实是个好地方，适合创作。"文森特看着那幅向日葵，"事实上，在这儿除了画画，也确实没别的事可干，这点你很快就会发现。"

看高更不作声，文森特开口问道："要不要去看看你的房间？"

高更没有理他。

"你如果喜欢的话，可以把它挂到你的房间。"

高更总算长长地呼了口气，听起来有点像是在哀叹。

"恭喜你，文森特。"他伸出手，同文森特握在一起，"没想到，真没想到……你居然这么快就找到个人标识了。"

"你能看得出来？"文森特惊讶地看着高更。

"那当然。"高更说，"个人标识这种东西，是一眼就能认出来的。"

他用力捏了捏文森特的手。

"恭喜你！"

……

那天夜里，发生了一件令人匪夷所思的事情。

文森特带高更去午夜咖啡馆吃了顿晚餐，并把他介绍给了他俩的房东吉努夫人。

　　高更是个擅长讨女人欢心的人，一整晚逗得吉努夫人花枝乱颤。他开的那些玩笑低俗且下流，连文森特听着都情不自禁地摇头，心想这些话要是从自己嘴里说出来，估计会被吉努夫人赶出去。高更开这些玩笑的时候脸不红心不跳，不光让吉努夫人笑得前俯后仰，连约瑟夫都在一旁跟着傻乐。

　　……

　　酒足饭饱之后，高更边剔牙边朝文森特使了个眼色："怎么样？接下来去哪儿？"

　　"你想去哪儿？"

　　"去找点乐子？"高更色眯眯地笑着。

　　"这小破镇能有什么乐子可找？"

　　"别装蒜，你懂我意思。"

　　"懂是懂……"文森特点了点头，"可是你行吗？你看起来快累死了。"

　　"当然行！"高更拍了拍自己的裤裆，"我离'不行'的年纪还早着呢！"

　　……

　　当天晚上发生了一件令人匪夷所思的事情。

　　……

　　文森特再一次遇见了盖比。

《向日葵》(*Sunflowers*), 1888

亲爱的妹妹：

　　……

　　我今天去了大碗岛写生，就是修拉那幅《大碗岛的星期天下午》的取景地。

　　严格地说，那里其实不能算"岛"，就是塞纳河上露出水面的一个土丘，不过任何岛不都是露出水面的土丘嘛。我也搞不清巴黎人为什么把那儿叫大碗岛，可能那儿的形状比较像个碗吧。

　　今天发生了一件奇妙的事情，可以说是一个奇迹——这件事使我对色彩的运用产生了新的理解，我想，这或许会是一次重大的突破。

　　等着吧，当你看到我的新画就会理解我在说什么了，等着吧！

　　……

文森特

20

大碗岛奇迹

自从在三伯的宴会上听德加说大碗岛其实是个妓院后（这显然是文森特的理解），他便一直无法释怀，每次路过那儿都会隔着塞纳河眺望半天。

终于有一天，他决定登岛——这天下午，他和伯纳德，还有大胡子路易斯相约去岛上写生。

那天是星期四，岛上并不像修拉画中描绘的那么拥挤。除了他们以外，有几个年轻画家在岛上写生。自从修拉依靠那幅《大碗岛的星期天下午》一夜成名之后，这里就成了青年画家的写生胜地，人人都想复制"修拉奇迹"，个个都学着修拉那样，像神经病似的拼命往画布上戳油彩。

......

"您又画完了，文森特先生？"

伯纳德看着蹲在地上整理画具的文森特。

文森特叼着烟斗，"嗯"了一声。

他刚完成一幅风景画：一座横跨塞纳河的石桥，桥下漂着两艘小船。

"最近您好像经常画这类风景？"伯纳德问。

文森特抬头看了看自己的画，耸了耸肩："这种题材比较好卖。"

"卖掉几幅了？"

文森特愣了愣："我是说，如果拿出去卖的话……这个题材或许比较好卖。"

伯纳德张嘴想说什么，又闭上了嘴，然后心不在焉地在自己的画布上涂了几笔，终于还是没忍住："文森特先生，您画画就是为了赚钱吗？"

文森特笑了笑，继续整理着画具。

伯纳德张嘴，又闭嘴，过了1秒钟，又忍不住开口问道："您不觉得这样很无聊吗？"

"什么无聊？"

"为赚钱而画画。"

文森特嘴里吐出一缕长长的白烟，像个久经沙场的老兵打量新兵蛋子一样看着伯纳德："等你到了我这个年纪，就不会在乎无聊还是有聊了。"

说完将草帽拉到脸上，头枕着双手在草地上躺了下来。

"就是！想那么多干吗！及时行乐才是人生的真谛。"

躺在他身边的大胡子跷着腿，脚尖在空中画着圈。他从踏上大碗岛的那一刻起，就在这儿躺着，连画箱都没碰过。

"你不画吗，路易斯？"伯纳德问大胡子。

"这会儿没什么灵感。嘿，文森特！劳驾把那瓶酒递给我。"

文森特右手在草地上拍了两下，摸到半瓶廉价的波本，换到左手递给大胡子，隔着草帽问："你是来这儿找缪斯的？"

大胡子接过酒瓶，懒洋洋地坐起身，先伸了个懒腰，然后打开酒瓶往嘴里倒了一口，眯着眼睛四处张望："运气好的话，说不定缪斯会自己找上门来。"说完摸了摸口袋，又躺下了，"还是算了，没钱！"

"我可以借你。"伯纳德笑道，"这里真的有……那种女人？"

大胡子就像半夜接到警报的消防员一样，飞快地撑起身子："原来你也想着这事儿！我说怎么硬拖着我们来大碗岛呢！"

"没！我没有！"伯纳德的脸一下子红了起来，"我对这种事不感兴趣。"

"你是处男吗？"大胡子被迎面而来的阳光照得睁不开眼。

"你才是处男呢！"伯纳德喊道，"我只是不喜欢把那种事……和钱挂上钩，觉得很不纯粹。"

文森特抖动着身子，草帽里传出咯咯的笑声。

"你笑什么？红毛佬！"大胡子拍了一下文森特的肚子，一把掀开他的草帽说，"怎么样？要不要也一起物色一个缪斯？今天伯纳德少爷埋单。"

文森特睁开一只眼睛说："我的问题和伯纳德一样，这里真的有那种女人？"

伯纳德的脑袋从画布后面伸了出来，但眼睛还是盯着画布，耳朵却对准了他俩。

大胡子冷笑一声："当然……不知道。"

文森特翻了个白眼，一把夺回草帽。伯纳德叹了口气，把脑袋缩了回去。

大胡子指着自己的脸："你看我这样子，像是来这儿找乐子的人吗？"

见文森特不理他，又转过头朝伯纳德说："伯纳德少爷！不过你倒真可以去试试，她们看到你这细皮嫩肉的样子，说不定都不用收钱……不不，很可能还会倒贴给你钱。"

"你干吗不去……"画布后面的伯纳德嘟囔道。

"喂！那儿就有一个！"大胡子拍着文森特的肚子说。

"我的天，你再拍一下我把你胡子都扯了，信不信？"文森特嘴里骂骂咧咧地坐了起来。

"你看！那儿！就那个撑伞的！"

文森特顺着大胡子手指的方向看去，忽然一只小鸟从他面前斜插飞过，穿进旁边的一片小树林中。

　　他一眼就认出了那只小鸟——那只撞路灯的小鸟。

　　"嘿！你听说过盖比吗？"文森特脱口而出。

　　"盖比？"大胡子瞪大了眼睛，一脸不可思议。

　　"对，盖比，你认识她吗，那个'马戏团女孩'？"文森特再次确认。

　　"那是谁？"伯纳德的脑袋又从画布后面伸了出来。

　　大胡子摇了摇头："不认识……等等！你是说那个马戏团的盖比？"

　　"你听不懂法语吗？"

　　"你认识她？"大胡子一把抓住文森特的手臂，像个抓住魔鬼的驱魔者，"我劝你千万别和她扯上关系。"

　　"为什么？"

　　"为什么？"大胡子说，"你难道不知道吗？澳洲佬和矮子就因为她才不来往的。"

　　"你叫洛特雷克矮子，好像不太好吧？"伯纳德从画布后面探出脑袋。

　　"闭嘴，小白脸！"大胡子朝伯纳德甩了甩手，转过头对文森特说："据说当年雷诺阿和德加也差点为了她打起来，罗丹和莫奈也是，总之这女的特别邪乎。"他脑袋点得像抽了风似的，"只要和她沾上关系，就一定会跟自己兄弟翻脸。"

文森特看了看那片小树林，仿佛透过树叶的缝隙看见一个女孩，她正站在一片树荫下面，白色的裙子，黄色的草帽，耳环在阳光的照耀下一闪一闪的。

"她究竟是干什么的？"他像是在自言自语。

"天晓得。"大胡子往嘴里倒了一口酒，将瓶子递给文森特，"就是个交际花呗。"

"她一定有什么过人之处吧。"文森特接过酒瓶喝了一口，眼睛始终盯着那片树林，盯着那个白裙少女。

"管她呢，反正我没兴趣知道。"大胡子说。

文森特连灌了两大口，把酒瓶还给大胡子，站起身拍了拍裤子上的草。

"你上哪儿去？"大胡子仰头看着文森特。

文森特指着那片树林："我去那儿转一圈，看看有没有缪斯，顺便问问她怎么收费的。"

"别闹了……真的？"大胡子用难以置信又充满期待的眼神看着他。

伯纳德的脑袋又从画布上方伸了出来，露出两只准备见证奇迹的眼睛。

此刻的文森特正好背着光，阳光在他身上形成一圈光晕，看起来像个救世主。

"我感觉缪斯正在召唤我。"

他朝大胡子眨了眨眼，背起画架，径直朝树林走去。

……

　　他穿过树林，一眼就认出了那个姑娘——就是盖比。她面前架着一块画板，正在对着河堤画画，聚精会神的样子不像是在装腔作势。一缕褐色的秀发从她的草帽中露了出来，在脸颊旁随风飘荡，文森特仿佛闻到了一股浓浓的杏花香。

　　"嘿！"他张开双手，尽可能地做出一副从容不迫的样子。盖比用眼角的余光扫了他一眼，目光回到自己的画上，考虑了半秒，又移回文森特的脸上。"咦？跟踪狂先生！你怎么在这儿？"

　　文森特双手插在裤兜里，皱了皱鼻子："真的吗？你真的不记得我叫什么吗？"

　　"嗯……"盖比用笔杆顶着下巴，眼睛朝天上看了会儿，像是在空中寻找答案——她吐了吐舌头："范……德高斯？"

　　"什么范德高斯，我叫文森特·梵高。"

　　"我就记得是个拗口的外国名字。"她用笔杆点了点自己的太阳穴，"你怎么会在这儿？梵……先生？"

　　"还是叫我文森特吧，我在那边写生。"他朝走过来的方向指了指。

　　"你在画什么？"

　　"随便画画。你呢？"

　　文森特往盖比的画布前伸了伸脑袋，盖比往后退了一步，大方地让出一个位置，做出一个邀请观看的姿势。

她画架上闪闪发亮的字母吸引了文森特的注意——G.S.。

"你这画的是……"

"塞纳河畔呀！"

文森特笑了笑，心想：废话，当然是塞纳河畔，画布就在河边架着，总不见得画的是狮身人面像吧？不过这幅画看着实在是有些……怎么说呢？特别？

他从来不会用"不好"或"难看"来形容一幅画，这是他做艺术品经销商时养成的职业习惯。但面对眼前这幅画……实在想不出该用什么词来形容它。

"怎么样？"盖比眨着绿色的大眼睛，满怀期待地看着文森特。

文森特捏着下巴看了半天，憋出一句："你在开玩笑吗？"

"不好看吗？"盖比看了看自己的杰作，"我觉得这颜色挺漂亮的呀。"

确实，柠檬黄色的河堤，天蓝色的水面，这两种色彩组合起来确实是挺漂亮的，不对，用漂亮来形容实在有些违背良心，确切地说，应该是——刺眼？

"河水，有那么蓝吗？"

"河水不就应该是蓝色的吗？"

"也许吧……在 3 岁小孩的眼里。"文森特笑着说。

盖比嘟起嘴："我又没问你画得像不像……"

"其实挺像的。"

"真的？"

"嗯。"文森特一脸严肃地说，"像一块巨型香蕉皮躺在太平洋上。"

"你真是刻薄。"

"我的意思是——"文森特说，"你既然不遵循自然的色彩，又何必费事戳在这儿写生？直接在家涂不就行了。"

"我也想画自然的色彩啊，但是……"盖比像个犯了错的小孩一样低下头，"我不会调色。"

文森特看了看盖比的调色盘，上面确实都是从颜料管里直接挤出来的颜色。他忽然意识到现在的这一幕有些似曾相识——他的每一次失败的学画经历，都和现在如出一辙——自以为是的绘画教师站在他的作品前面指手画脚，那些白痴只想着把自己的理念强加到他脑子里，没有一个愿意听听他想表达什么。

"其实……不调色也挺好看的。"文森特说。

"你是在安慰我吗？"

"不，我是认真的。"文森特没有朝盖比看，而是一直盯着那幅画。

"黄色和蓝色，在色谱中是对比色，同样的对比色还有红色和绿色、紫色和橙色……当这些色彩出现在一起的时候，就会特别刺眼。但是，还是有办法调和的。"

"可以吗？"他说着伸手去拿盖比手中的画笔，盖比像被催眠了似的，将笔交给他，目光一直没离开过他的脸。

"如果用一种比较中立的颜色，比如白色。"文森特蘸了蘸调色盘上的白色颜料，"加在两种颜色中间的话……"

他说着在河岸上画了一个穿白色裙子的小姑娘。

"你看，这样的话，眼睛就舒服多了。"

"没想到……"

"没想到吧？色彩其实很神奇的。"文森特叉着腰看着那幅画，又看看盖比，发觉她正盯着自己，顿时脸颊泛红。

"没想到你认真的样子，还挺迷人的。"

"什么？"文森特以为自己听错了，他看着她，她也看着他，眼神比他更坚定。

"你说什么？"他又问了一遍。

盖比忽然伸出手，搭在他的脸上，指尖碰到肌肤的一瞬间，文森特不由自主地打了个激灵。

她凑到他耳边，用气声说："我想你听到了。"

文森特愣了足足有 3 秒钟，直到杏花的香味将他拉回了现实。

他忽然笑了起来。

"你笑什么？"盖比问。

"我活了三十几岁，被人用各种各样的词形容过，好的坏的都有，当然坏的居多。"他继续笑着，"但是，迷人，"他摇了摇头，"还真是头一回听到。"

盖比皱着鼻子，朝他看了半天："好吧，可能我的眼睛真的有毛病。"

她指指自己的画架："能帮我收拾一下吗？不想画了。"

……

记忆都是由碎片组成的，用线串起来就成了故事。

……

文森特带盖比去吃了顿晚餐，本想叫上伯纳德和大胡子的，还征求了盖比的意见，她也同意了，但最后自己却改变了主意，因为他突然想起自己口袋里的钱只够请盖比一个人吃饭的。

路上，他借口先把画箱放回家，顺便上楼把所有的钱都塞进了裤兜，一共 11.25 法郎。盖比把她的画箱也留在了文森特的阁楼——那个印着金色"G.S."的画箱。

他一直拿不定主意要去哪儿吃，直觉告诉他随便去哪儿都会遇到熟人，他不想被熟人打扰。最后还是盖比选了一家餐馆，那是一对意大利老夫妻开的小餐馆，很简陋，但那儿有全巴黎最好吃的意面——事实上也确实很棒，比铃鼓咖啡馆老板娘的手艺强一万倍。最主要的是，一点都不贵，两个人才用掉 4 法郎。

他们聊了很多，文森特聊了许多自己崇拜的艺术家，讲了一些自己做见习牧师时的趣闻，盖比一直双手捧着脸，认真聆听他说的每一句话。

文森特也问了她许多，比如人生目标什么的。34岁的男人聊天时总喜欢聊人生目标。盖比说自己还没到要思考人生目标的年纪，享受人生才是眼下的头等大事。文森特并不怎么在乎她的真实年龄，管她究竟是16岁还是160岁呢，反正她看起来很美。

可能是酒精的作用，她看起来比平时更美了。

接下来的记忆有些断裂，文森特记得他们喝了些酒，或许是许多酒，但应该没有喝醉，至少他觉得这点酒肯定喝不醉。他记得偷偷摸摸地回家，蹑手蹑脚地上楼，生怕吵醒房东太太，但却一不小心从楼梯上滑了下来，还扭到了手腕。房东太太并没有被吵醒，也可能是懒得出来。

接下来的事情他怎么都想不起来了。

一觉睡醒已是第二天上午10点，床上只有他一个人，但画箱不见了——那个印着金色"G.S."的画箱。

她来过？她应该来过！

文森特闭起眼睛，用尽浑身力气回忆昨晚的场景，可记忆就像沙子，越用力越抓不住。

他将脑袋埋到枕头里，一阵杏花香渗入鼻孔……虽然闭着眼睛，却能清楚地看到盖比——她散开的秀发铺在他的枕头上，月光透过那扇巴掌大的小窗照在她脸上、脖子上……她的耳环一闪一闪的。

她确实来过！

……

第二天，文森特便成为朋友中的情圣。

在大胡子的一再追问下，文森特坦白自己确实搭讪了一个美女，一个会画画的美女，但略去了盖比的名字。

让大胡子惊讶的倒不是别的，而是他居然只花了一顿饭的钱，就在大碗岛捡到一个宝。实在是赚翻了！但后来又略带酸味地改口说，大碗岛上的女人都是放长线钓大鱼的。他的原话是："当下不找你要钱，哼哼，等着吧，早晚会给你个大惊喜！"

文森特一直也没有在大家面前提及盖比的名字。本来背后议论女士是种不道德的行为，如果不提她的名字，或许会好些。他发现，最近澳洲佬和洛特雷克确实很少同时出现，难道真的像大胡子说的那样，为了盖比而闹得不和？文森特耸了耸肩，随它去吧——求证这种事情实在太浪费时间了。

况且，他也不想从别的男人嘴里听到关于盖比的坏话。

自从那天之后，每当文森特坐在路边咖啡馆，看到街上有跟盖比年纪相当的女孩，就会立刻想到她。看书时，只要书中出现年轻女性的角色，脑海中就会浮现出她的样子——想到她披散着头发，耳环一闪一闪的样子。

唯一可以肯定的是——这不是爱情，而是欲望在作祟！

一个 34 岁的男人是有能力分辨爱情和欲望的，特别是一个有过多次感情经历的男人。

爱情对他来说就像是酒瘾，一旦染上就很难戒掉，而欲望则不同，只要他想（并且口袋里有至少 1 法郎），随时都能找人解决。可对于女人来说则不一样，特别是像盖比那样的年轻女人，她们很容易把爱情和欲望混为一谈。

然而，在接下来的日子里，盖比总会恰到好处地出现，有时是在他写生时偶遇，有时在小酒馆里聊上几句，每次都是在他以为自己快忘记她的时候，又忽然出现在他面前。

他也曾试探过盖比对他的感觉——这并不是爱情，绝对不是，他必须确保她也是这么想的。然而，让他没想到，或者说有点失望的是——她总一脸无所谓的样子，甚至反过来安慰文森特："不要太放在心上，大叔！这里可是巴黎！"也许对她这个年纪的姑娘来说，在一个男人家过夜，就跟男人们偶尔光顾一下红灯区一样，再平常不过了。

有件事让文森特觉得很纳闷，他从来都没搞清楚她究竟住在哪儿，靠什么养活自己。但她似乎从不缺钱，总是无忧无虑的，也总是把自己打扮得很时髦。

一定有一大堆男人排着队给她钱用吧？

然而多次的偶遇，居然没有一次撞见她和某个男人在一起，一次都没有。有时他会想象自己在某家高级餐厅的玻璃外，看见她正和一个发量稀疏、体重 300 斤的阔老头共进晚餐——这种画面反而让人觉得更合理些。

但是，一次都没有撞到过。

直到，一个下着瓢泼大雨的夜晚……

《雨燕》(*Swift*)，1887

亲爱的提奥：

我对当代基督教没有好感，尽管其创立者非常了不起。我已经看透了当代基督教。我年轻的时候，也曾被宗教所迷惑，但自从体会过它那彻骨的寒冷之后，我就开始复仇。我开始崇拜被神学家称为罪孽的爱情。我尊重妓女和其他"下贱"的女人，她们中的大多数都不是神学家眼中受尊重的女人。在这些人的眼中，她们是邪恶的化身，但在我看来，她们是美丽的女神。

文森特

21

二　号

文森特没想到，自己会在这种地方再次见到盖比。

……

高更来阿尔勒的当天晚上，提出想去"找点乐子"。

文森特知道这附近有一家——高更想去的地方。那里没有明目张胆的招牌，大家管它叫"二号妓院"，或简称为"二号"。这是一个很诡异的名字，因为阿尔勒压根就没有"一号妓院"，而且"二号"的门牌号也不是二号。这个问题困扰过许多外来的色狼，而当地的色狼也说不清为什么，只知道是政府安排的。

当地政府对卖春行业有非常严格的管控措施，性工作者必须年满21岁才能接客，而且每年都要接受强制性的体检，开登记在册，获得政府许可后才能持证上岗。据说每年妓院给政府缴纳的税额高得吓人，但依旧没有招牌，也不允许做广告，说是会影响整个小镇的形象。嫖客们常开玩笑说，盖市政大楼的钱都是从妓院里来的。如果没有妓院，那群政客估计得在马厩里办公。

说到底，这是个见不得光的行业。虽然可能是人类历史上最古老的行业，但依旧见不得光。

这些都是文森特从酒馆里听来的。来阿尔勒至今，他还从没去过妓院。年轻时，他曾非常沉迷于这种地方，特别是他在海牙的那段日子。那时他刚刚成为古皮尔的正式员工，手上总有些闲钱，又年轻——才19岁，正是血气方刚的年纪。

第一次是被他的室友"拖"去的，不知为什么，每个人第一次的这种经历，总是被另一个人"拖"去的。

那次经历他至今记忆犹新。那家店开在一个中世纪建筑里，名叫艾斯特（荷兰的妓院是有招牌的）。第一次接待他的女人，又老又丑，但对他格外温柔。他仍记得她的名字——夏娃，和偷食禁果的那个夏娃同名。

从那以后，年轻的文森特就像偷食禁果的亚当一样，彻底陷了进去。他从画廊赚的钱大部分都送去了艾斯特。

但那都是年轻时的事了……自从和西恩的恋情失败，导致自己变成全家的敌人之后，他就对妓院失去了兴趣，或者说，尽量避而远之。而随着年龄的增长，这方面的兴趣也确实减弱了——抽烟喝酒就已经够要命的了，他可不想死在妓女的床上。

……

"二号"坐落于一栋四层的小楼中，乍看之下和一般的小酒馆差不多，一楼放着十几张圆桌，有吧台，也有侍者。吧台旁边有一扇带帘子的小门，后面是通向楼上房间的楼梯。妓院的灯光相较普通小酒馆暗一些，昏暗的灯光往往能制造暧昧的气氛，这些小心思普通人或许感觉不到，但却逃不过画家的眼睛。

今晚的生意看起来不错，每张桌上都坐着至少一对男女，在那儿打情骂俏。文森特一进门就看到一个轻步兵团的士兵正把自己的脑袋埋在一个女人的怀里，女人歇斯底里地狂笑。

一个胖女人朝他俩迎了上来，她40多岁的样子，打扮得夸张且俗气，生怕别人不知道她是这里的老鸨。

她热情地打着招呼，两眼不停地上下打量着他们。从她的表情可以看出，在她的"客户评分体系"中，他们的得分不高——他俩确实穿得比乞丐好不了多少。

不过老鸨依旧展现出良好的职业素养，挤出一脸"客人即上帝"的假笑，朝他俩勾了勾手指，示意跟着她。他俩便跟着她的肥屁股呈蛇形穿过"战场"：一个胖女人正坐在一个干瘪老头细如竹竿的腿上，用手指将他的头发拨得乱七八糟，老头看起来很享受，他看起来至少有108岁了；

另一个女人撩开帘子从那扇小门里走了出来，手里挽着一具行尸走肉，走到门口在他脸颊上亲了一大口，嘬声连远在巴黎的人都能听得到；那个年轻的士兵，总算把脑袋从胖女人的怀里拔了出来，像重获新生似的狂喘气。

老鸨引着他俩来到一张空桌前坐下，并叫来侍者为他们点了酒，然后自己也一屁股坐了下来。

"先生们！你们喜欢什么类型的姑娘？"

文森特被问得措手不及，显然这里的规矩跟荷兰不一样，在荷兰可没人会测试你的语言描述能力，女孩们会自个儿坐过来和客人聊天，如果看着顺眼，就有资格进入那扇挂着帘子的小门——那扇神奇的小门永远挂着帘子，这点倒是哪儿都一样。

老鸨看文森特支支吾吾说不出话来，就把注意力移到了高更的身上。

"这位先生呢？有喜欢的类型吗？"她的语气仿佛是在水果店卖橙子。

"你这儿都有些什么类型？"高更不紧不慢地问。

这倒是个不错的回答，文森特心想。

"什么类型都有！只要你说得出！"

"那好吧，我要年纪轻的。"

这句话似乎戳到了老鸨的软肋，她迟疑了一下，但只迟疑了半秒，便又满脸堆起假笑说："没问题！"她拍了拍自己硕大的胸脯，"包在我身上！"说完扭着屁股走了。

高更点了根烟，看了看文森特："你紧张什么？"

"我？我不紧张。"文森特揉着眼睛百无聊赖地说，"只是对这种事兴趣不大罢了。"

"那你活着还有什么意义？"

"你活着就是为了做爱吗？"

"不然呢？做爱可是神赋予我们的天性。"

就在这时老鸨回来了，身后还跟着两个姑娘。

"先生们，看看这两个，她俩是我们这儿最年轻的了。"

文森特和高更同时张开了嘴，仿佛正在目睹一场车祸。任何人在现场估计应该都会像他俩一样陷入呆滞状态——站在老鸨身后的两个姑娘，称她们为"姑娘"简直就是对这个词的一种曲解，这么说吧，她们两人中比较年轻的那个，看起来比文森特的母亲还要老10岁。

两人面面相觑，不知该说些什么。阿尔勒妓院独有的这个"选妃"环节，实在是让人尴尬——在姑娘面前说实话吧，感觉太没礼貌了；说假话呢，又对不起自己口袋里的钞票，而且面前这两个妖魔鬼怪，已经不是损失点钞票的问题了。

"我错了。"高更率先打破沉默，对老鸨说，"不一定要年纪小的，年纪大一点的也无所谓，只要……"他说到这里便打住了，再说下去又该不礼貌了。

老鸨若无其事地摆了摆手，那两个"姑娘"立刻头都不回地走了，文森特一脸尴尬地朝她俩点头表示歉意，她俩却只当没看见，仿佛被拒绝是再平常不过的事了。

不一会儿老鸨又带来两个"姑娘"，比前两个更可怕。用"可怕"这个词来形容女士确实不太礼貌，但似乎也没有比这更准确的词了，她俩一高一瘦、一胖一矮，简直就是传说中的妖精。

紧接着又来了两个，文森特差点没笑出声来。

在看完八个姑娘之后，老鸨终于决定不再浪费时间，单刀直入地摊牌道："先生们，看得出你们是从城里来的，但你们不能用城里人的眼光来评判乡下女孩，我们这种小地方……"

"约瑟芬小姐！"高更打断老鸨。

"什么约瑟芬？我叫玛格丽特！"老鸨假装生气地推了一下高更。

"哦，对不起，你和约瑟芬皇后长得太像了！"

"少来这套。"老鸨像个花痴似的笑了起来。女人都喜欢听恭维话，但高更这话说得还挺实在的。因为根据刚才的经验，这个老鸨的确是这里最好看的女人了。

"玛格丽特……殿下，"高更说，"你也是从城里来的吧？"

"你怎么知道？"老鸨像个少女般用双手捂着自己的肥

脸，"我年轻时在巴黎生活过，你是怎么看出来的？"

"你身上有种贵族的气质。"

又是一阵狂笑。

文森特把脑袋别向旁边，他实在无法忍受这么做作的对话。

"你们看起来都是明白人。"老鸨总算从歇斯底里的狂笑中冷静了下来，她看了看高更，又朝文森特点了点头，"那我就不跟你们绕弯子了。"

她脸上的肥肉将五官挤成一团："我理解，也确实不能怪你们眼光高。"

文森特心想：眼光高？我们只不过不是瞎子。

"她们都是有证的。"老鸨眨了眨眼睛，"你们懂我什么意思吧？"

文森特摇了摇头，高更却点了点头。

"什么意思？"文森特问高更。

"这你还听不懂？有证的！我的天，意思就是合法的，懂吗？"

文森特心想这不是废话吗，他看了眼老鸨，显然老鸨也是这么想的，但她却并没有这么说。

"没……没错，说得一点都没错。"

"你看！"高更朝文森特扬了扬眉毛。

"你是说有证的都很丑是吗？"文森特恍然大悟。

"对……不不不……"老鸨先是点头，然后又飞快地摇头道，"不能说丑……个人眼光不同罢了。"

"那阿尔勒人的眼光还挺奇特的。"

"那倒也不是，但愿意用真实名字办证的，大多已经到了豁出去的年纪了，像我这样的，哈哈哈哈……"老鸨指了指自己，尖声狂笑着。

"哦，不不不，你看上去很年轻。"高更不会放过任何恭维女人的机会，任何女人。

老鸨又笑了几声："但是……"她对高更说，"如果你们愿意多花一点钱的话……"她又朝他俩眨了眨眼睛，这次文森特和高更都没有点头，而是摆出一副充满求知欲的表情。

"我直说吧，我可以给你们介绍些年轻的。但丑话说在前面，她们可不便宜，而且，不能在我们这儿办事，你们谈好了可以去女孩家，或者带回自己家。你们住哪儿？"

"就街角那栋黄……"文森特说到一半被高更拽了一下。

老鸨看见了，却假装没看见："没事，只要不是住旅馆就行，不用告诉我住哪儿。那二位怎么着？"

"先带几个来看看吧。"高更用一种见过世面的有钱人的口气说。

"等着！"老鸨再次出征。

"你连价钱都不问？"文森特等老鸨走远后问高更。

"看看又不用钱。"

……

这次老鸨去了很久，回来时带着一个姑娘，看起来只有十几岁，一副生无可恋、鄙视全世界的样子。她脸上涂满了各种化妆品，仿佛整个人都藏在化妆品后面。

"只有一个？"高更问。

"生意实在太好了。"老鸨耸耸肩，"要不你们一个一个来？谁先？"她的眼珠在他俩脸上轮流打转。

"你怎么说……"高更看看文森特，又看看那个姑娘，像个盯着盘子里最后一块蛋糕的饿汉。

文森特觉得在姑娘面前讨论这种事让他浑身不自在，仿佛面前的这个姑娘是一件听不懂人话的商品，更让他不自在的是，他可能是在场唯一觉得不自在的人。那个姑娘此刻正一脸若无其事地看着他。

正在这时，一个熟悉的身影从她背后一晃而过。

文森特一眼就认出了那是她的背影——她迷人的腰。

他从椅子上蹦起来朝她大喊：

"盖比！"

《妓院》(*The Brothel*)，1888

亲爱的提奥：

得知你在阅读米什莱的《爱》，我感到很欣慰。

《爱》里有一章叫《秋之渴望》,写得是多么深刻啊……与男人相比，女人是"截然不同的存在"，男人并不了解她们，或者就像你说的，最多只对她们有肤浅的认识。对此我完全赞同。

祝福你。

你永远的

文森特

22

缪斯女神

那是一个大雨瓢泼的夜晚，文森特刚吃完晚餐，正撑着把破伞往家里走。一辆黑色的马车与他擦肩而过，溅了他一裤子的水，他刚想破口大骂，那辆车却自己停下了，就停在距离他十几步的地方。

接着，他见到盖比从车上走了下来，透过车厢后面的小窗，隐约能看见一个戴着高帽子的男人。

那并不是出租车或公共马车，而是一辆私家马车。盖比下车后一直没有回头，而车厢里的高帽子男人却在一个劲儿地说着什么，文森特只能听到大雨打在雨伞上的声音。

文森特等马车离开后才走了过去。盖比见到他时显得有些慌张，她迫不及待地告诉文森特，马车里的男人是她的朋友，顺路送她过来。

文森特点点头，并没有追问。盖比逐渐从慌张变成了欣喜："在这里遇到你太好了，我还担心找不到你住的地方呢！"她的头发和衣服都被打湿了，面容也有些憔悴，但笑容却依旧迷人。

"你找我有事？"文森特尽量让自己听起来不那么激动。

盖比点了点头，收起雨伞躲到了文森特的伞下，顺其自然地挽着他的胳膊。这次没有杏花香味，而是一股浓浓的酒精味，她一定喝了不少。文森特见她脸颊绯红，手上捏着一个厚厚的包裹，用牛皮纸包着。

"找我有事吗？"文森特问。

"没事就不能找你吗？"盖比仰起头，露出蔑视的神情。可她的个头只到文森特的肩膀，看起来很可笑。

"没事找我干吗？"文森特故意一本正经地说。

"文森特！"盖比掐了一下他的胳膊，"在你心目中，我一定得有事了才能来找你吗？！"

文森特微笑不答。

"问你话呢！我在你心目中真的是这样的女人吗？"

文森特依旧笑而不答。盖比露出胜利的表情，同时朝他胳膊上补了一拳。

雨依旧很大，但两人却不紧不慢地撑着伞，缓缓地走在巴黎湿漉漉的街道上。

此刻文森特的脑海里忽然浮现出大胡子的那句话：

"哼哼，等着吧，早晚会给你个大惊喜！"

他不禁觉得好笑，从他身上能榨出钱的话，那和变魔术有什么两样？想想还挺悲惨的，活了三十几年，连被一个小姑娘骗钱的资格都没有。

"你笑什么？"盖比用两只大眼睛盯着他。

"没什么。"

"你今天看起来很奇怪。"

等等——文森特忽然又产生了一个念头，但他并没有马上说出口。他看了看盖比，低着头陷入了沉思。

……

两人走进了他的公寓，进门时房东太太朝他俩看了一眼，什么都没说。进入房间后，文森特把淋湿了半边的外套脱下，又找了条毯子递给盖比。阁楼没有壁炉，这条毯子是他房间里唯一能用来取暖的东西。

随后他下楼问房东太太讨了杯热咖啡，回到阁楼时盖比正披着毯子坐在他的床上，随手翻着床头柜上的小说，那个牛皮纸包裹放在了床头柜上，这是房里唯一能放东西的地方了。

文森特把咖啡递给盖比，盖比放下小说，双手捧着杯子，纤细的手指穿过把手，轻轻吹着咖啡冒出的热气。

文森特看了看墙角那把三条腿的椅子，已经坏了好几个月了，但一直瞒着房东太太没说。接着他干脆一屁股坐到地上，盘着腿说："好了，说说吧。"

"说什么？"盖比盯着咖啡杯冒出的热气。

"找我有什么事？"

"都说没事了。"她的声音小得像是在自言自语。

文森特看着她专注地盯着咖啡杯的样子，忽然有种想要把她画下来的冲动。

"真的没事。"她总算抬头看了文森特一眼，但只是一扫而过，目光又回到了咖啡杯上。

文森特深深吸了口气："你怀孕了？"

盖比扑哧笑了出来："为什么这么问？"

文森特耸了耸肩膀："我也不知道。"

盖比冷笑了一声："你放心，即使我怀了你的孩子，我也不会来找你的！"

"为什么？"

"找你有什么用？你会负责任？"

"当然！为什么不？"

这个答案显然在盖比的意料之外，她张开嘴却说不出话来，仿佛有只隐形的手将她事先准备好的话又推了回去。

"你……什么？"

"我当然会负责。"文森特一点都不像在开玩笑。

"即使那个孩子不是你的，你也负责？"

这回轮到文森特语塞了，他低下头，用大拇指搓着手掌。

几秒后，他抬起头，郑重其事地说："盖比，我这么说也许你会不信，但不管那个孩子是不是我的，只要你愿意，我就会接受。"

盖比睁大眼睛盯着文森特看，可能只有几秒钟，但感觉像过了几个星期。她的神情逐渐从惊讶变成安心，最后她低下了头，目光又回到手中的咖啡杯上，用比蚊子叫大不了多少的声音说："我相信。"接着，又轻轻问道，"你爱我吗？"

说完还是低着头，眼睛飞快地瞄了一下文森特。

文森特还是头一回被问这么赤裸裸的问题，当然啦，同样的问题他年轻时也问过不少女孩——要一个情窦初开的年轻人说些海枯石烂的肉麻话并不是一件很难的事，但他现在都 34 了，而此时此刻，对面坐着个年龄只有他一半的小姑娘（至少看起来是）。他感到浑身不自在，终于体会到当年那些被他表白的姑娘有多不自在了。

"你想听实话吗？"文森特说。

"你说。"

"怎么说呢……"他搓着手掌，"我很喜欢你，真的，甚至经常会不由自主地想到你。但我知道，那不是爱情。"他把最后几个字说得非常慢，生怕听起来像个不可一世的人渣。

盖比始终没有抬头，面无表情地盯着那只咖啡杯，但又好像在看更远的地方。

"对不起，我不想骗你……"文森特总结道。

"我知道。"盖比忽然抬起头，"我听得懂法语。"接着她满脸堆笑地说，"那我也说实话吧，我并没有怀孕！我是来跟你道别的。"

"道别？你要去哪儿？"

"我打算回家了。"

"回阿尔勒？"

"咦？"盖比像个正在看魔术的孩子一样，"你怎么知道的？"

"都写在脸上了。"文森特微笑道。

"胡说！"盖比摸了摸自己的脸，"不管你是听谁说的，他说得没错，我是打算回阿尔勒生活。"

"为什么？"

"巴黎有点无聊，况且……"她朝文森特探了探身子，用开玩笑的语气说，"你又不爱我。"

女人的心思真是难琢磨。

"你怎么知道我是阿尔勒人？"

"你跟我说过。"文森特吹了个牛。

"哦，是吗？"她耸耸肩，似乎并不在意。接着喝了口咖啡，做了个怪脸，将杯子还给了文森特。

"不喝了？"

"喝不惯，你喝吧。这儿有酒吗？"

"有，等等。"

文森特起身从床头柜的抽屉里拿出一瓶廉价威士忌，又下楼问房东太太讨了个杯子，给盖比倒了一点，往咖啡里也加了一点。

"你当初为什么来巴黎？"文森特问。

"很小的时候，跟着我妈来的……来巴黎找我爸，我刚一出生他就撇下我们母女俩来了巴黎。"盖比喝了口酒，"我们那种小镇，女人被男人抛弃这种事，会背一辈子，所以干脆就来巴黎碰碰运气。但刚到巴黎没多久，我妈就死了。"她说话的表情就好像死的是个从未见过的远房亲戚。

"后来我被马戏团老板收留，成了驯马师。嘿！我骑马的样子帅极了！"盖比站到了床上，一只手端着酒杯，另一只手平伸出去，像是在走钢丝，"我能站在马背上，就像这样。"

文森特抬头微笑："确实很帅。"

"那可不！以后有机会表演给你看。如果你看到我骑马的样子，估计会……爱上我的。"最后四个字说得特别轻。

文森特立刻岔开话题："那你平时住在马戏团吗？"

"小部分时间。"

"那大部分时间呢？"

"你管得可真多，文森特警探！"盖比朝文森特敬了个礼，"大部分时候，我住朋友家。"她张开双臂，就像在阿尔卑斯山顶跳舞，"这么大的巴黎，还会没有我盖布里埃尔的一张床？"

文森特仰着头，忽然觉得眼前这个女孩很可怜。虽然她没有半点抱怨的意思，甚至看起来还很享受这种生活方式，但越是这样，反而越觉得她可怜。

"你那些朋友，都是男的吧？"

"对啊，有什么问题吗？"

她直勾勾地看着文森特，面颊绯红，隔着3米都能闻到酒精味。

她指着文森特的鼻子说："我知道你在想什么，他们为什么让我住他们家？"她做出一个橱窗模特展示衣服的动作说，"因为我好看！"

"你还挺有自知之明的。"

"那当然，我从小就知道！男人看我的眼神，和看别的姑娘不一样，这没什么。"

"什么没什么？"

"利用美貌获取便利，这没什么！如果聪明、才华、富有都能用来获得便利，为什么用美貌来换轻松的生活不行呢？与生俱来的优势，不用白不用，对吧？"

文森特点了点头，觉得她说得其实有道理："那你为什么还要离开巴黎？"

"因为没人爱我。"她不假思索地回答，看起来并不像是在开玩笑。文森特想起刚才送她来这儿的那辆马车，还有车厢里的那个"高帽子"。

"你是指刚才送你来的那个……朋友？"

"他们所有人！"盖比用酒杯在空中画了一个半圆，洒了许多出来，却浑然不觉，她指着文森特说，"包括你！"

"好吧，那你回家后打算做些什么？"

"不知道，可能开个小店什么的。"

"你有钱吗？"

"我有的是钱。"两人同时看了看床头柜上的那个牛皮纸包裹。

"打算开什么店？"文森特问。

"还没想好。"

"你想听些心里话吗？"

"你怎么像个娘娘腔似的？想说什么就说！"

文森特点了点头："其实我见过许多像你这样的……女孩。"他迟疑了一下，接着说，"她们在大城市里挣了些钱，总想着回老家开个店什么的。但是，因为没有这方面的经验，事实上，她们哪方面的经验都没有，往往没多久就把之前赚的钱都赔光了。最后……"

"最后变成了妓女，是吧？"

文森特没有反驳。

"那有什么关系！"盖比说，"没钱了我就干脆去做妓女，养活自己总不成问题。"

"我不是这个意思。"

"那你什么意思？"

砰！

还没等文森特反应过来，一只玻璃杯朝他径直飞了过来，他下意识地躲了一下，杯子在他身后的墙上摔了个粉碎。

"你疯了吗？！"文森特吼道。

"你就是个骗子！"盖比摇摇晃晃地指着文森特，"和他们一个样！"

"你就是个疯子！"

"其实你早就爱上我了，只是不敢承认！"

"我的天……"

"不是吗？"

"是个屁！"

"不是吗？不是吗……"

盖比不停地重复着这句话，说到第六遍的时候，文森特用嘴唇堵住了她的嘴。

……

那个大雨瓢泼的夜晚，是文森特最后一次见到盖比。

《悲伤》(*Sorrow*),1882

亲爱的提奥：

　　……

　　你知道是什么打开了让囚鸟消失的牢笼吗？

　　是深刻的、真诚的爱。它有着强大的力量，仿佛神奇的魔法，是它
打开了牢笼。如果没有爱，囚鸟将会死去。而一旦爱复苏了，生命也就
复活了。

　　……

文森特

23

瑞　秋

"盖比！"

文森特从椅子上蹦了起来，所有人同时朝他吼的方向望了过去——一个身穿红裙、身材苗条的女孩正朝门口走去。文森特一眼就认出了那是她的背影——她迷人的腰。

"盖比？"

他又叫了一遍，声音比第一遍小，用了疑问的语气。

红衣女孩第一遍就已经听见了，她停下了脚步，但没有马上转过来。等他叫第二遍后，她半转过身子，看着文森特，眼神和他们进门时老鸨的眼神一模一样，正上下打量着文森特。

"您叫我吗，先生？"

先生？这又是在玩什么把戏？文森特心想。

"你认错人了吧？"老鸨的神色有些紧张。

怎么可能认错！文森特心想。

"你不认识我了，盖比？"

女孩并没有摇头，她眯起眼睛盯着文森特的脸，正在回忆中努力搜索他的名字。

"你肯定认错了，"老鸨像是松了口气，"她不叫盖比。"

"那你叫什么？"

"我叫瑞秋，很高兴认识您。"

红衣女子大方地伸出右手，手上戴着黑色的蕾丝手套。

"瑞秋？"虽然没搞清状况，但出于礼貌，他还是伸手握住了她纤细的手指。

"她是盖比，对吗？"文森特转向高更。

"谁？"

"盖比！盖比啊！"

"盖比？巴黎的那个？"

文森特的目光又回到了红衣女子身上："你怎么在这儿？"刚说出口就意识到自己这话问得有点蠢——问一个女孩为什么会出现在妓院，简直太蠢了。

女孩果然眉头微蹙，一丝不耐烦的神情从脸上闪过。

"如果您不介意的话，"她将手从文森特的手中抽了出来，"我要失陪了，外面有辆马车正在等我。"

她依次朝两人礼貌地点了点头，转身走了出去。

文森特站在原地呆呆地望着她的背影，心里一直在重复：绝对是盖比！绝对他妈的是盖比……

他向高更投去一个求助的眼神，高更这时已经把刚才那个浓妆艳抹的"无所谓姑娘"揽在了怀里。

"她就是盖比，对吗？"

"什么盖比？我可不认识什么盖比。宝贝儿，你叫什么？"

高更此刻眼里只有怀里这个女孩，他仿佛已经进入了另一种状态，像只正在发情的老猫，一个劲儿地往姑娘身上蹭，而那个姑娘呢，她倒是一如既往地无所谓——像个雕在柱子上的浮雕，面无表情地任由他瞎蹭。

"傻站在那儿干吗？你如果喜欢，就去把她追回来啊。"高更这话显然是在对文森特说，但目光始终没有离开怀里的那尊"雕塑"。

"我劝你别去招惹那个姑娘。"老鸨挡在了他的面前。

文森特觉得这话好像在哪儿听过……对了，铃鼓的老板娘对他说过同样的话，连语气都一样。

他伸手将老鸨扒到了一旁，她虽然胖，但却很轻，就像是装了一裙子的空气，推起来软绵绵的。

文森特大跨步地朝门口走去，身后传来老鸨的声音。

"你会后悔的！"

此刻他心里只有一个念头，管她是瑞秋还是盖比，既然撞见了，就绝不会轻易放跑她。至于抓住她以后要怎么办，他也没想好。

当他冲出门口时，盖比，或者说瑞秋，已经坐上了一辆豪华马车。

文森特瞥了一眼正要挥动马鞭的车夫，一个箭步冲了过去，伸手拉开车门，跳进了车厢。

"你干吗？"瑞秋被吓得尖叫了一声。

"不要怕！盖……瑞秋小姐。"文森特举起双手，"我有几句话想跟你说。"

"怎么回事？"马车夫从驾驶座跳了下来，他手里紧紧攥着马鞭，死死地盯着文森特，就等瑞秋一声令下。

"你还真是锲而不舍。"瑞秋很快就冷静了下来，转过头对车夫说，"没事，他说他有几句话要说。"

"可是……"

"驾车吧，胡安。"

"小姐！"

"去吧，没事的。"

车夫狠狠地瞪了文森特一眼，关上车门，走出了他俩的视线。

"驾！"马车缓缓地跑了起来。

"你这是要去哪儿？"文森特问。

"去我男朋友家。"瑞秋毫不避讳地说，"所以，有什么话，就请赶紧说吧，我猜我的男友应该不想见到我的车里有别的男人……你应该也没兴趣见他吧？"

长长的睫毛，绿色的眼睛，褐色的头发。文森特敢用性命担保，这个瑞秋绝对就是盖比！

面对他的目光，瑞秋丝毫没有闪躲。

她笑了笑："这该不会又是一个'你和我前女友很像'的老套搭讪方式吧？"

"不是像，你就是。"

"那你和我中间，一定有一个撞到脑袋了。"

文森特像个侦探似的，目不转睛地盯着她，想从她的言行举止中找到哪怕一丝破绽。

"和我说说你的盖比吧，说不定我能想起什么。"瑞秋微笑着说。

文森特咬了咬嘴唇："她是个阿尔勒女孩……"他低着头看着自己的手，"第一次遇见她是在蒙马特高地的公墓里，说来好笑，她以为我是个跟踪狂，而我以为她是个鬼魂。"

瑞秋依然面带微笑地看着他："她是个什么样的女孩？"

"你这样的……"

"我是说，她的性格。"

"她很开朗，总是在笑，永远无忧无虑的……"

"这点我们就完全不像……对不起，你继续。"

文森特又低下头盯着自己的手看了一会儿，仿佛他把演讲稿都抄在了手心上。

"说实话，我很担心她，最后一次见面时她的状况很糟。"

"遍体鳞伤""身无分文"，这两个词又出现在文森特的脑海中，但他没说出口。

"她现在在哪儿？"

"我不知道，她说打算回老家，回阿尔勒。"他补充道，"结果我居然在妓院里遇到了……我不是那个意思，我并没有……该死。"

"她知道你爱着她吗？"

瑞秋双手抱在胸前，面无表情地看着文森特，目光直接将他射穿。

"爱？不不不……我，我确实有点担心她，但，但那不是爱情……"

瑞秋忽然伸出手，把手指搭在他的脸颊上："你们这个年纪的男人都一个样，浑身上下就嘴硬。"

文森特闻到一股浓烈的香水味，让他感觉头晕目眩。

……

当他回过神时，马车已经停了下来。

车夫在座位上喊："小姐，要进去吗？"

文森特望向窗外，马车停在一个庄园的铁门外，那是一个深不见底的大庄园。

"我自己走进去吧。"瑞秋不等车夫开门就自己钻了出去，转头对车夫说，"胡安，送这位先生回刚才的……地方。"

"等等！"文森特忽然想起什么，扒着车窗大叫道，"我还能再见到你吗？"

瑞秋什么都没说，只是对他意味深长地笑了笑。

这时庄园里跑出来个男佣，打开了那道巨大的铁门。瑞秋朝文森特眨了眨眼睛，径直走了进去。

文森特透过车窗望着她的背影逐渐消失在那深不见底的庄园，忽然有种失落感顺着喉咙往上爬，他感觉自己正在失去眼前这个姑娘，即使他从来都没有拥有过她。

"她不知道……"

文森特自言自语道："不知道我爱着她。"

《粉色的桃树》(*The Pink Peach Tree*)，1888

亲爱的提奥：

　　新的一个月又开始了。虽然距你上次寄钱还不到一个月，但如果可以的话，我还是想请你再寄来一些。用不着一次 100 法郎这么多，只需要寄来一点钱，够我撑到你把剩下的钱寄给我就好。

　　在经济压力之下，我会暂时忘了自己的原则，心想，我也来试着画些讨好顾客的东西吧，结果糟透了。

　　我用心作画，却招来泰斯提格的不满和愤怒，他对我画中的优点视而不见，直言不讳地要求我画"卖得出去"的画。

　　但我认为，实实在在地用双手劳动，才是最靠得住的"手艺"。

　　我只希望，你在听我说的时候，不会去想"卖"画的事情，而是在想"怎么画画"。

　　　　　　　　　　　　　　　　　　　　　　你永远的

　　　　　　　　　　　　　　　　　　　　　　文森特

24

小巷印象派

自从那个下着大雨的夜晚之后，盖比就再没像以前那样，突然出现在文森特面前了。

每当他独处的时候，记忆的碎片就会浮现在他眼前——一闪一闪的耳环，穿过咖啡杯把手的细长手指，散落在脸颊的一缕秀发，当然还有那种杏花的香味。

在巴黎的好处就是独处的机会不多。如果你想的话，一天 24 个小时都可以过得很热闹。这段时间，文森特故意把自己填得很满。

一个多月过去了，盖比就像人间蒸发了一样音讯全无。

他开始怀疑她是否真的离开了巴黎，在此之前，他压根就没把"她要回老家"那事儿当真，在他看来那就是在发酒疯，醉酒是一切古怪行为的挡箭牌，这点他自己很有经验。

他并没有主动去打听过什么，他不想让别人以为自己和这朵"交际花"扯上了关系，特别是提奥。

表面上看起来，生活似乎没有任何变化，一切都和往常一样，唯一不同的是，他不再那么确定……这不是爱情。

事情的转机往往出现在那些让人意想不到的地方。

……

那年圣诞节前夕，文森特和他的朋友们搞了一次画展。举办地是一家他们常去的餐馆——小木屋餐厅。为什么没有在铃鼓咖啡馆搞？因为那时候铃鼓已经倒闭了。这也算是一件意料之中的事情——但凡那里能做出一道人吃的菜，哪怕就一道，它也不会那么快倒闭。

铃鼓完蛋之后，他们就把据点移到了克里奇大道 43 号的这家小木屋餐厅。所有人都管它叫"大肉汤餐厅"，因为那儿的特色是一份分量十足的肉汤。给餐馆取绰号似乎是巴黎人的习惯，他们总喜欢用一家店的特色来称呼它，根本不在乎老板的感受。仅凭这个绰号，它就一定会比"铃鼓"长寿。

大肉汤的老板是个名叫马丁的胖子，肚子大得能装下一整锅肉汤。胖马丁同时还是个颇有建树的艺术评论家，"颇有建树"是他每次自我介绍时都会给自己安上的副词，"艺术评论家"也是。

他近期最有"建树"的一次"评论"就是："文森特·梵

高的画会让店里的客人倒胃口。"

文森特也确实无力反驳——年底的那次展览，只有他一个人的作品没卖掉，一幅都没有。

参加那次展览的人有：伯纳德、洛特雷克、大胡子路易斯……几乎整个文森特的朋友圈都来了。展览称不上火爆，但也至少算是在巴黎画坛轻轻吼了一声，像刚出生还没睁开眼的小狮子使尽浑身力气咆哮——喵！

这跟他们的定位有很大关系，看看他们给展览取了什么倒霉名字——小巷印象派画展。

这个名字的来源，并不是因为举办地点（虽然确实是在小巷里举办的），不，这并不是他们想表达的意思。给自己的展览取这种名字，就是为了对标"大道印象派"。

大道印象派，其实就是印象派。之所以对标"大道印象派"，是为了突出他们名字前的"小巷"，也就是说印象派本身并不知道自己是"大道印象派"，他们无非就是想蹭一下印象派的知名度罢了。就好像偶然经过剧场时看到正在上演的剧目叫《罗密欧和一头母牛》，说不定真的会有人好奇买票进去看看。

而事实也确实如此，伯纳德和大胡子甚至卖掉了他们人生的第一幅画，买画的是两个不识货的暴发户——"颇有建树"的"艺术评论家"马丁如是说。

"没有任何斩获吗？"

高更的一只手插在马甲口袋中，戴着那顶生怕别人不知道自己是个画家的红色贝雷帽，站在餐厅门口对文森特说："别担心，说不定里面的人正准备买你的画呢。"

"我看悬。"文森特噘着下嘴唇，望着餐厅里的一对夫妻，他们正一脸嫌弃地看着他那幅《吃土豆的人》。

"提奥没给你一些建议什么的吗？"

"何止建议，上个礼拜他还找了批专家给我的画会诊过一次。"

"什么专家？"

"泰斯提格，还有他手上的几个畅销水彩画家。"

"泰斯提格是谁？"

"哦，他是古皮尔在海牙的负责人，也是我们俩的老上司。"

"好吧，那他怎么说？"

"他们让我去画些水彩风景，说那个现在很好卖。"

"那你怎么说的？"

"我说我宁愿去餐馆当服务员。"

"哈哈……"高更拍了拍文森特的肩膀，以示鼓励。

文森特摊了摊手，仿佛在游乐场连投了三颗球却连一个玻璃瓶都没砸中："有时候我觉得，我也许根本就不是这块料。"

"什么意思？"

"有的时候，会产生放弃的念头……"

啪！

高更一巴掌打在文森特的后脑上，毫无预警，文森特按着脑袋愣了半天。

"你干吗？"

"我得跟你谈谈。"高更拉了拉他的手臂，指了指餐厅门口的一个露天座位。

文森特摸着后脑勺，心想：我们已经熟到可以互相打后脑勺的地步了？

这时高更已经坐了下来，指了指他，又指了指身边的一把椅子，文森特像个犯了错的小孩一样，乖乖地坐到了高更旁边。

"真搞不懂，你怎么会有放弃的念头？"高更瞪着文森特说。

"嗯，对……"文森特点点头，又飞快地摇了摇头，捂着后脑勺说，"不，不对。"

"当然不对！"高更说，"当你有一天身无分文、妻离子散的时候，就会意识到现在的自己有多幸运了！"

文森特心想那有些难度，自己得先娶个妻子生个孩子才有"妻离子散"的资格，不过他没把这种想法说出来。

"你以为我真的是为了艺术放弃之前优越的生活吗？"

"不是吗？"

"哼哼，"高更冷笑道，"谁会放着好日子不过，去追求苦日子？你见过这种傻子吗？"

"呃……耶稣？"

高更翻了个白眼："我说的是你认识的人。"

"那确实没有。"

"听着。"高更伸手捏了捏文森特的肩膀，"我做股票经纪人那会儿，1 年能挣 3 万法郎，你知道那是什么概念吗？"

文森特点了点头，其实他根本不知道 3 万法郎是什么概念，他一辈子都没见过那么多钱。

"但谁又能想到，有生之年居然会遇到股灾！就这样'砰'的一下，什么都没了。"高更做了一个花儿绽放的手势。

"那你选择艺术是迫不得已咯？"文森特问。

"一开始确实是走投无路的选择。"高更点点头，"但后来我才意识到艺术是一项多么伟大的事业。没有艺术，人类文明将无法流传；没有文艺复兴的壁画、古罗马的雕塑，我们根本不会知道自己是打哪儿来的，更加无法预测我们将去向何方。"

高更的语气慷慨激昂，文森特虽然不知道他想说什么，但不得不承认，他的腔调确实很有煽动性。

"……千百年后，没人会记得一个成功的股票经纪人，但很可能会记得一个失败的艺术家。"高更仰着头说，"因为艺术是不会死的，好的艺术是会永远流传下去的！"

如果高更这会儿递给文森特一把步枪，他或许会义不容辞地跟着他冲进市政大楼。

"所以……"高更说，"你应该感到幸运，不是任何人都有机会从事这项伟大的事业的，与其像个娘娘腔一样抱怨世道不公，还不如想想如何感恩。"

"我没有抱怨世道不公，我只是觉得自己不擅长……"

"成功的道路上一定会经历自我怀疑。"高更打断文森特，"你一定会走出来的……所以我上次的那个提议你后来考虑过吗？"

文森特没想到他一个急转弯就切入了正题："什么？哦！就是那个组织一批画家去哪儿画画吗？马达加斯加？"

"什么马达加斯加？我说的是离开巴黎。"

"哦！对！我考虑过。"

"你看起来不像考虑过的样子。"

"真的考虑过，我还特地征求了一些专业意见。"

"专业意见？"

"对，我跟德加讨论过。"

"哦？他怎么说？"

"他提议我们可以去阿尔勒试试。"

"嗯……"高更若有所思地点了点头，"那是哪儿？"

"盖比的家乡。"文森特想都没想就脱口而出。

"谁？"

"哦，没什么，一个朋友。"他不知所措地挠着脸，想尽快岔开话题，但每当这种时候大脑总会故意跟自己作对。

"你是说那个马戏团女孩？"

"嘿！我刚才看到一只老鼠……等等，你也认识她？"

"在巴黎谁不认识她！"

"你又是怎么认识的？"

这话刚说出口时，文森特还觉得自己有些爱管闲事，但没想到这话却正中高更的下怀。高更坐在椅子上伸直了腿，双手插进马甲口袋，一脸自豪的样子："我做股票经纪人那会儿，收藏了许多印象派的画，大大小小的聚会他们都会叫上我。"高更显得容光焕发，"那会儿她就经常出现在我们的聚会上。老天爷，那会儿她是真漂亮！印象派那帮家伙个个都迷她迷得不行。"

"那你呢？"文森特问。

"嘿嘿，你懂的！"高更用手背轻拍文森特的胸口，扬起一边眉毛说，"我那时是所有人的金主，谁敢跟我抢？"

文森特抿了抿嘴唇："可我听说，她那时是雷诺阿的女朋友。"

"可能是吧。"高更若无其事地耸了耸肩，"那有什么关系，现在又不是中世纪。"

一阵淫荡的笑声。

文森特捏了捏拳头，像个文明人一样敷衍地笑了笑，心想如果现在是中世纪，自己早就抄起流星锤了。

高更依旧在那儿长篇大论，文森特却满脑子都是流星锤。

"……美丽的女人并不可怕，知道自己美丽，并且懂得利用美丽的女人才可怕。说实话，我挺佩服她的，年纪轻轻就知道自己想要什么，不像我们这些蠢男人。"他看着文森特，又是一个急转弯，"懦夫才轻易放弃，你这样还不如那个小姑娘。"说完又捏了捏文森特的肩膀，"算了，别往心里去。嘿……知道你的画为什么没销量吗？"

"为什么？"

"就因为你在跟风。"

文森特没有接话。

"你知道威廉·布格罗吗？"

"当然知道。"文森特脑海中顿时浮现出威廉·布格罗的脸，他坐在三伯的宴会餐桌上，身边坐着一个跳芭蕾的女演员。

"10年前，那老头在巴黎画坛也算是叱咤风云的人物了。"高更说，"直到印象派出现以后，他的画就滞销了。后来他也尝试着模仿一些印象派的风格，结果还是一样——没销路。"

高更放在文森特肩膀上的那只手紧了紧："你现在要想的不是如何模仿印象派，而是如何颠覆它。就像印象派颠覆威廉·布格罗一样。"

这番话倒是说到文森特心里去了，他一直就不觉得模仿印象派会是一条出路，但他仍然在模仿，像个苦行僧一样，只为向提奥证明这条路是走不通的。高更在椅子上伸了个懒腰，双手捏着外套边缘说："其实你比我更需要离开巴黎，真的，你得离开提奥和那个叫泰斯什么来的。"

"泰斯提格。"

"对，你得离开这些自以为是的专家。他们对你没好处，真的，他们只会总结前人的成功经验，整理一大堆听起来很有道理的理论。但艺术创作又不是写学术论文，搞创作最怕的就是总结别人的经验！"高更每说一句，文森特就不由自主地点一下头，像是在接受布道的信众，而此刻的高更在他眼里，仿佛就是耶稣本人。

高更的双眼始终盯着文森特。

"10 年后……当人们谈论起文森特·梵高这个名字，你是希望他们把你定义成一个在巴黎混日子的画家，还是那个干掉印象派的男人？"

最后，他用食指杵了杵文森特的胸口，作为整个演说的终结："文森特，决定权就在你自己的手上！"

文森特沉默良久，眼睛一直盯着餐厅门口的那张海报，上面写着几个大字——"小巷印象派画展"。

《艾蒂安 - 吕西安 · 马丁》(*Portrait of Etienne-Lucien Martin*), 1887

亲爱的提奥：

　　我爱她，但我不会让自己因为爱她而举步不前、精神崩溃。我需要的刺激和火星就是爱情，但不是那种秘而不宣的爱情。

文森特

25

一类人

　　文森特回到小黄屋时，高更已经带着那个年轻的妓女回来了。事实上，整个小镇都知道他回来了，他闹出的动静简直像是在进行一台无麻药的截肢手术。

　　他俩的房间仅隔着一堵薄薄的墙壁，床头顶着床头的那种。文森特躺在自己的床上，感觉整个世界都在摇晃。此刻他满脑子都是盖比，他确信瑞秋就是盖比，即使她看起来毫无破绽。

　　……

　　在接下来的日子里，他都过得浑浑噩噩的。晚上一有空就会跑去"二号"，也不找姑娘，就坐着东张西望。谁都知道他在找瑞秋，也知道瑞秋不想见他，除了他。

　　妓院开门做生意，当然不会欢迎他这种"只看不买"的顾客，几次被轰出去后，他就进了黑名单。于是他便开始在妓院门口徘徊，直到把当晚上班的每个姑娘都认了个遍，才失望地回家睡觉。

高更有时也会跟他一起去，但他的目的性则要强得多。而且他每次去都会找不同的对象，久而久之，"二号"所有的姑娘都成了他的猎物——当然除了瑞秋以外。后来，高更就对那儿失去了兴趣。

关于瑞秋和盖比是不是同一个人，高更一开始矢口否认，后来又改口说自己记不清盖比长什么样了。然而文森特却觉得还有另一种可能——高更其实根本不认识盖比，那些所谓的"和她的过往"都是他道听途说，并且添油加醋编出来的。或者说，文森特更希望那是他编的——盖比在他嘴里简直一文不值，他可不想为这种事跟高更打起来。

每当和高更一起去"二号"时，文森特才会被允许进入，但依旧谁都不找。老鸨看他那么痴情（她们管这种盯着一个姑娘的嫖客叫"痴心汉"），便开始劝起他来。

"她来这儿差不多 1 年吧。"老鸨坐在吧台旁，百无聊赖地用手杵着脑袋。

文森特在心里盘算了一下，这和盖比失踪的时间基本吻合，但老鸨接下来的话又朝他泼了一盆冷水。

"从她的口音听不出是哪儿人，问她也总是神秘兮兮的不说，但绝对不是阿尔勒人。"

"为什么？"

老鸨翻了个白眼："没有人会在自己老家干这行，这不等于断了后路吗？"

"哦……嗯……那她多大？"

"不知道，看起来 20 岁出头？这儿的姑娘，个个都满嘴瞎话。"

老鸨看了看身旁，生怕被人听到。

"瑞秋来这儿没多久，就有了好几个固定客人，几乎全都是有钱有势的人。"老鸨说，"很快她又通过这帮人认识了安德鲁少爷。"

"安德鲁少爷？"

"你不知道吗？哦，不过也难怪，你不是本地人。安德鲁少爷是这里首富的独子，典型的败家子，但出手阔气，认识瑞秋没多久就送了一套宅子给她。"

"宅子？"文森特想起那天晚上看到的那个庄园。

"可不是吗，他迷她迷得要死！有一次有几个红帽兵调戏了她几句，第二天就被人发现死在了对面的小巷里，还上了报纸呢！"

"这新闻我好像看到过。"

"没错，就是那事儿，行凶的那几个意大利流氓就是安德鲁少爷雇的。所以我才一直劝你，别去招惹她。"

"她既然有这种人撑腰，为什么还要来这儿上班？"

"她才不是来上班的呢！"

"那……她来干吗？"

"她是来收钱的！"老鸨似笑非笑地说，"几个月前，她拿着一大笔钱，说要入股。"老鸨挑起一边的眉毛，"所以说，我现在其实是在为她打工。"

"这是她的店？"

"几个月前还是我的，不过你要是我，也一定会卖的。"

"她给了你很多钱？"

"很多，多到你无法想象。但即使她不给这么多钱，我也还是会卖的。"

"为什么？"

"我一个老太婆，怎么惹得起她背后那些大人物？"她压低声音，"连镇上的警察局局长也是她的客人，不过自从认识安德鲁少爷之后，她就不接客了。"

"既然如此，你干吗还不退休？"

"退休？干吗退休？除了这个我也不会干别的。"她整理了一下插在头发上的羽毛头饰，像只骄傲的肥鸡，"况且她给的报酬也很不错，何乐而不为呢？"

听到这里，文森特感到很无奈。不是那种看到一栋豪宅询价后知道自己这辈子都买不起的无奈，而是那种错过最后一班渡船的无奈。他轻轻地叹了口气，轻得只有他自己能听见。

老鸨注意到了他的神态变化，捏着他的手，语重心长地说：

"所以我劝你还是算了吧。她和你我根本就不是一类人。虽然她曾经干过这行，但你和她依旧相差 1 万英里。"

她捏着文森特的手，盯着他的眼睛：

"即使我从没在你身上赚到过一分钱，但我也不希望看到你的尸体出现在对面的巷子里。"

《画家的椅子》(*Van Gogh's Chair*)，1888

亲爱的提奥：

　　有一件事可以肯定，我不会再给铃鼓咖啡馆画画了。私下里对你说，我认为老板娘刚刚堕了胎。总而言之，她这样的状态，我也无法责怪她。

　　我觉得她能在两个月内好起来，然后她很可能会感激我没有去打扰她。等她好了，如果还是冷血地拒绝归还我的画，或者以任何方式伤害我，我不会对她客气的。但我想事情不会发展到这一步。毕竟，我很了解她，而且仍然信任她。

　　如果她保得住咖啡馆，那么从纯商业的角度出发，我不会怪她选择了骗人而不是被骗。如果成功意味着要让我吃点苦头，那好吧，她可以这样做。我上次见到她的时候，她并没有伤害我的感情。倘若她像人们说的那样卑劣，那是绝不会这样做的。

　　……

文森特

26

我们都爱着同一个女人

在"小巷印象派画展"闭幕的第二天，文森特跟提奥长谈了一次。他小心翼翼地描述着去阿尔勒建立艺术家团体的计划，像个跟银行经理申请贷款的小老板。

他没有高更那么好的口才，因此讲的时候只挑重点，省去了一些没有必要的部分，比如说提奥是个"自以为是的专家"什么的。

没想到提奥当天就答应了。显然他对其中的某些想法很感兴趣，比如：文森特在阿尔勒的开销只有巴黎的三分之一；从此兄弟俩会聚少离多，文森特把这条归类为"离开巴黎的缺点"——你总得准备些缺点才能让你看起来更真诚，可提奥或许就没把这条当成缺点来看。

从那次长谈到文森特真正动身，兄弟俩准备了整整两个月。主要是提奥在做准备，筹集资金、打通画商的关系都由他来负责。而文森特需要做的，只是整理好那只破皮箱。他也尝试着给他的朋友们介绍自己的想法，朋友们都很支持，但当他邀请他们一起去时，他们就不约而同地表示：再看看。就连这件事的始作俑者——高更，都没有给他一个准日子。他说要等文森特在阿尔勒安顿好了再去，那语气活脱脱像个持高薪跳槽的大企业高管。

这些都不算什么，最让文森特生气的还是铃鼓咖啡馆的老板娘。

……

"真是想钱想疯了！"

文森特喝了一大口波本，长长地呼了口气，像是要把肺里的怨气一口气全都吐出来。

自从铃鼓倒闭后，文森特就一直想把寄放在那里的画拿回来，但老板娘却坚持要他交一笔赎金才肯把画还给他。

"我倒觉得她不是为了钱。"澳洲佬抿着鸡尾酒杯中的马提尼，一如既往地平静。

"昨天洛特雷克也这么说……你干吗？！"伯纳德话说到一半，大胡子在桌子底下踩了他一脚。

大胡子用手捏着眼皮，文森特看向了别处，澳洲佬假装没听见，只有伯纳德一脸茫然："我知道你干吗踩我，不用提醒我，也没什么不好意思承认的。"他转向澳洲佬，"昨天我们确实跟洛特雷克聚会了。"

澳洲佬耸了耸肩，表示并不在意。

"我受够了！"伯纳德脸涨得通红，一半是因为酒精，另一半是因为真的受够了。

"我搞不懂，为什么要跟洛特雷克翻脸？就为了一个女人？"他指着文森特说，"搞得我们得为文森特践行两次，他要去月球吗？"

文森特摇了摇头，做出一副此事与我无关的表情；大胡子则从手指缝里偷看澳洲佬。

澳洲佬皮笑肉不笑地哼哼了一声，抿了一口马提尼，气氛再度陷入尴尬。

"你刚才说，老板娘不是为了钱，是什么意思？"文森特试图岔开话题。

"她是为了你啊。"澳洲佬不紧不慢地说，"你看不出来吗，她一直很喜欢你？"

"谁？我？她的心上人不是路易斯吗？"文森特才不想把战火引到自己身上。

"不不不不……"大胡子拼命摆手，"谁都看得出她真正喜欢的人是你，我就是为此才退出的。"

"去你的！"文森特翻了个白眼，目光移到澳洲佬的脸上，希望他能帮忙说句公道话。

"其实我也这么觉得。"澳洲佬假装忧伤地皱起了眉毛，就好像自己也为了友情放弃了爱情。

伯纳德喊道："不会吧！你们都跟老板娘……我怎么没看出来？等等……"他来回看着三张似笑非笑的脸，"妈的！你们在唬我！"

一阵笑声，四只酒杯碰在了一起。

男人间的尴尬，就是这么容易化解。

"明天几点的火车？"澳洲佬问。

"下午 3 点。千万别去送我，我最恨这套了。"

"洛特雷克不去，我就不去。"澳洲佬说。

文森特笑了笑："你接下来有什么打算吗？"

"我也打算离开巴黎。"

"回澳大利亚吗？"

"不，我打算去贝勒岛。"

"贝勒岛在哪儿，是在英吉利海峡吗？"

"不，另一个方向。"

"地中海？"

"在西面，大西洋边上。"

文森特抬着脑袋，仿佛在看一张隐形的地图。

"算了……说了我也不知道……你去那儿干吗？"

"上个月去那儿度了个假，感觉很不错，就在岛上买了套房子。"

"啧啧啧……"大胡子摇着头，"有钱就是能随心所欲。"

"你也打算……建立新画派？"文森特试探着问道。

"这你放心。"澳洲佬说,"我绝不会成为你的竞争对手的,画画对我来说就是……兴趣。"

"我的天!"伯纳德总是一惊一乍的,"在岛上生活得多无聊啊!"

"我反而觉得在巴黎太闹了。嘿,别聊我了,今天的主角是文森特。"

伯纳德点了点头,满脸忧伤:"难道小巷印象派就这样解散了?"

"这本来就是个蠢名字。"大胡子说。

"哪里蠢了?我觉得挺诙谐的。你觉得呢,文森特先生?"伯纳德问。

"我不知道……"文森特挠了挠头,"我是说,不是名字的问题,我觉得最初的定位就有问题。"

"什么问题?"

"我们不该总想着复制印象派,而应该把心思放在如何颠覆印象派上面。"

"哟哟!文森特·梵高,颠覆印象派的男人。"大胡子拿腔拿调地说。

"我倒觉得文森特说得没错。"澳洲佬说,"艺术不就是一个不断迭代的过程吗?只不过,在我看来印象派已经被颠覆过了。"

"被谁?"大胡子和伯纳德异口同声地问。

"乔治·修拉。"澳洲佬从上衣口袋掏出一个小本，在其中一页写了一行字撕下来递给文森特，"我觉得你走前应该和他见一面，这是他工作室的地址，就在蒙马特高地。"

文森特接过澳洲佬递过来的纸，上面写着：Boulevard de Clichy 128bis，就在大肉汤餐厅附近。

"你认识乔治·修拉？怎么没听你说起过？"伯纳德问。

"你又没问过。"

"我的天，你还认识哪些大人物？克劳德·莫奈？"

"我还真认识。"澳洲佬点了点头。

"瞎说！"

"事实上，他下个月会到贝勒岛跟我一起写生。"

"你究竟是从哪儿结识这些大佬的？"

"我也记不清了，应该是在某个朋友的聚会上吧……"

大胡子拍了拍伯纳德的肩膀："别问了，他们有钱人的世界你我是搞不懂的，他们有自己的圈子。"

"哦！我想起来了，是在毕沙罗家里！"澳洲佬说，"我和乔治还挺投缘的……"

"为什么？他也喜欢在小岛上买房子？"大胡子挑着眉毛说。

"不……"澳洲佬深深吸了口气，"我们都爱着同一个女人。"

气氛再度陷入尴尬，这次稍微长一点，持续了1分钟左右，四只酒杯再次碰到了一起。

……

那天晚上四个人一直喝到……天晓得几点。文森特回到公寓时天已经亮了，他花了10分钟时间就把行李打包完毕，除了来巴黎时带来的那只皮箱，又多了个便携式画架——这是他的全部家当了。

他从口袋里掏出澳洲佬写给他的字条，犹豫着是睡一会儿后直接去火车站，还是去字条上写的地址拜访一下那个传说中的男人。

最终他决定背着全部家当去找修拉，因为他此刻一点都不困。

……

澳洲佬说修拉每天早上8点会准时到工作室，但文森特到蒙马特高地时才6点半。于是他便蹒步到一处可以俯瞰到整个巴黎市区的山丘，躺在草地上消磨时间。

从那儿可以看见凯旋门，以及旁边那个叫布什么涅的森林。不远处，是一大片工地。1年后，那里将会长出一座铁塔，它将被命名为埃菲尔。但那会儿才刚造完四条腿，看起来就像条巨型蕾丝铁内裤。大部分巴黎人都搞不懂，为什们要在市中心戳这么个铁玩意儿，没人会想到在接下来的100多年里，它将会成为巴黎的象征。就像没人会想到，坐在蒙马特高地望着这条铁内裤的红毛佬，将会成为全世界最著名的画家。

这时，隐约飘来一阵杏花香，夹杂着青草味的杏花香。

文森特循着香味转过头——盖比正躺在他身边，朝他微笑。他能感觉到自己的心跳正在加速，他尽可能地保持镇静，镇静得连他自己都觉得惊讶。

"好久不见。"他平淡地说了一句。

盖比没有说话，依旧盯着他的眼睛，微笑。

文森特被她看得有些不好意思，把目光从她脸上移开，望向天空："我要离开巴黎了。"

依旧没有回答。

"下午的火车，去阿尔勒。"

"能带我一起走吗？"

文森特刚想回答，忽然感到屁股一阵冰凉。他从草地上跳了起来，才发现整个后背都湿透了。

"当心有露水！"他朝盖比喊，却发现盖比已经不见了踪影。

原来是个梦啊！

几分钟的小憩使他的神志变得格外清醒，他脱下外套搭在手上，背起画架，拎起皮箱，朝修拉画室的方向走去。

……

咚咚咚……

门开了一条缝，一个年轻人探出头来。

他有一张清秀的面孔，头发梳得一丝不苟，长长的胡须遮住了脖子，一双眼睛想使劲睁开却依旧惺忪。

"您是修拉先生吗？"文森特双手捏着草帽边缘举在胸前。

"你是……"修拉打量着浑身湿漉漉的文森特。

"我叫文森特，是约翰·拉塞尔把您的地址给我的。"

修拉皱了皱眉，用眼角的余光扫了一眼地上的行李："哦，有什么事吗？"

文森特一时不知说什么，他发现自己也不清楚为什么要来这儿。

他捏着草帽想了一会儿，心想如果不用一句话说明来意，眼前这个人很有可能会立马关门夹到他的鼻子。

想到这里，他后退了一步，说："我是您的……怎么说呢……崇拜者之一？希望和您聊聊。"

修拉想了 1 秒钟，一脸遗憾地摇了摇头："抱歉，我现在很忙。"说着做出关门的动作。

"等等……"文森特用手指轻轻顶了一下门，"其实我也是个画家，您也看到了……"他指了指地上的画架，"我下午就要离开巴黎了，在那之前就耽误您一会儿，行吗？"

修拉看看地上的行李，又看看他。

"行吗？"文森特又重复了一遍，声音轻得像苍蝇叫。

修拉点了点头，往后让了一步做出一个请进的手势。

"你怎么……那么湿？"

修拉看着贴在文森特小腿上的裤腿。

"都是他娘的露水。"文森特傻笑道。

修拉扬着眉毛点了点头，像个无法理解年轻人时尚的老头。

"我还以为你刚刚偷渡上岸呢。"

文森特笑了笑，将湿漉漉的行李放在墙角，心想这人倒还挺风趣的，不像看起来那么冷漠。

"要去壁炉旁烤烤火吗？"

"再好不过了。"文森特拎起行李，放到壁炉旁，背对壁炉烤着屁股，同时叉着腰，环视他的工作室。

修拉的工作室不像洛特雷克的那么大，但也有 8 个文森特的阁楼大……也可能是 10 个。

工作室里的一切都井然有序、明亮整洁，显然每天都有人打扫。唯独墙角堆着的一堆破烂与整个环境格格不入——一幅画到一半的画、一只女士皮箱，还有一个折了腿的画架，上面刻着两个金色的字母——"G.S."。

文森特忽然想起了什么，刚要开口却被修拉打断了。

"来杯咖啡暖和暖和吗？"

"好的，谢谢。"

修拉从咖啡壶里倒出两杯热气腾腾的咖啡，又从酒柜里拿出一瓶白兰地："加点儿？"

"再好不过了！"

修拉将杯子递给文森特："敬……他娘的露水。"他举了举手中的杯子。

"敬他娘的露水。"文森特小声重复了一句，然后举杯喝了一小口。

"哈……"

修拉眯着眼睛哈了口气："说吧，有什么可以帮到你？"

"修拉先生……"

"叫我乔……就行了。"

"好吧，乔……我没想到您是个这么随和的人。"

"哈哈哈，这句话我不是头一回听到了。"修拉笑着说，"你一定觉得能画出那种画的人是个有强迫症的怪胎吧？"

修拉的画在当时被人称为"点彩画"，与众不同之处就在于他的笔触，别人的笔触是一笔一笔刷出来的，而他的却是一个点一个点戳上去的，近看就像是刚淋过雨的玻璃窗，每一幅画都要求有极大的耐心和稳定性。

"你跟澳洲佬很熟吗？"修拉问。

"算是不错的朋友，毕竟我们都是'老外'，相信您也能从我的口音里听出来。"

"你是哪儿人？"

"荷兰人。"

"荷兰？刚才你说你姓……"

"梵高。"

"梵高？你认识提奥·梵高吗？"

"那是我弟弟。"

修拉扬着眉毛点了点头，就好像一切都说得通了。

"这事说起来确实有些冒昧，"文森特咧着嘴说，"昨晚我和约翰聊起如何颠覆印象派的话题，他立刻就想到了您，并把您的地址给了我，让我一定要来跟您聊聊。"

文森特从口袋中掏出一张皱得不成样子的纸，就像给列车员检票一样递给修拉。

修拉接过纸看了一眼，笑了笑，还给文森特。

"我平时不会这么冒昧的，真的！"文森特强调，"要不是我今天下午就要走了……"

"你要去哪里？"修拉问。

"去南部。"

"南部？"

"我想去那儿画画。"

"巴黎不好吗？"

文森特抿着嘴唇："不太适合我。"

修拉点了点头："对了，你刚才说什么，颠覆印象派？"

"是的，这也正是我去南部的目的。"

修拉扬起眉毛，想要搞懂这件事的逻辑："也就是说，你颠覆印象派的方法是——离印象派远点？"

"也可以这么说……我去南部，是想去建立一个艺术家联盟。"

"类似巴比松派那样？"

"没错！类似巴比松派那样！"

修拉点了点头："是个不错的想法，然后你的兄弟在巴黎这边做宣传？"

"没错！您怎么知道的？"

"这不是显而易见的吗？"修拉理所当然地耸了耸肩，"所以现在你想来问我颠覆印象派的方法，这样你的画家村就一定会成功。"

"对，对。"

文森特茫然地点着头。其实他根本就没想到这一层，但听起来又好像是这么回事儿。

"了不起的计划，想好邀请谁了吗？"

"高更说他愿意过去，事实上，这个计划是他……"

"高更？"

"对。"

"那个股票经纪人？"

"有什么问题吗？"文森特问得特别心虚，就好像"高更"是个错误的答案。

"不，没什么问题。"他耸了耸肩，"呵呵，这是你自己的计划？"

"您干吗冷笑？"

"我哪里冷笑了？呵呵……"

"您看又来了。"

"这不是冷笑，这是……是一种情感表达。"

"好吧，那么……"文森特挠了挠耳朵，"我刚才问您什么来着？"

"颠覆印象派的方法。"修拉提示道。

"哦，对，是什么来着？"

"总结起来非常简单，只有一个词——"他竖起食指，"碰巧！"

紧接着又是一连串的情感表达："呵呵呵呵呵……"

文森特用指尖搓着自己的发根，闭着眼睛回想刚才究竟发生了什么。从一进门的忐忑，到对修拉产生好感，再到现在头脑一片混乱，这家伙只用了不到 10 分钟，简直是个戏剧大师。

"你觉得我在逗你？"修拉问。

"没有吗？"

"当然不是！"

修拉从书架上取出两本书，丢在文森特面前的茶几上。

文森特瞄了一眼，一本是查尔斯·布兰科的《绘画艺术语法》，另一本是萨特的《视觉现象》。

文森特看看那两本书的封面，又看看修拉。修拉摊了摊手，做出一副"这还不够明显吗"的表情。

"您是不是拿错书了？"文森特问。

"什么？"

"我不懂您什么意思。"

"你没看过这些书？"

文森特摇摇头。

修拉瞪大眼睛露出一脸不可思议的表情。

"好吧，那我大概解释一下。"他拿起其中一本，"这两本书的内容都是基于米歇尔·谢弗雷的色彩理论所创作的，谢弗雷你总知道吧？"

文森特又摇了摇头。

"你居然不知道谢弗雷！好吧，他是法国最有名的化学家，肥皂就是他发明的，他们将要把他的名字放到那座正在建的铁塔上。"

"就因为他发明了肥皂？"

"因为他是最著名的化学家！天哪！"修拉翻了个白眼。

"好吧，您继续。"

修拉把眼珠子翻了回来，继续说道："谢弗雷曾经担任过一家挂毯工厂的技术顾问，挂毯你总知道吧？"

"就是挂在墙上的地毯？"

"可以这么说，但重点不是挂在墙上，而是上面的图案。如果你凑近看，会发现再大的图案都是由一撮一撮毛线组成的。”

“好吧，真是神奇呢。”文森特拿腔拿调地感慨道。

“不不不，接下来才是最神奇的地方。”修拉越说越兴奋，“当谢弗雷盯着其中一撮毛线长时间地看时，神奇的现象就发生了——这撮毛线的周围会自然而然地产生一圈光晕，而这圈光晕的颜色又正好与那撮毛线的颜色相反。”

“这不就是互补色理论吗？”

“原来你知道！”

“我在科学杂志上读到过，但我搞不懂，这跟您说的‘碰巧’有什么关系？”

修拉点了点头，一只脚踩在茶几上，将胳膊放在腿上：“你觉得我聪明吗？”

这特么又是哪儿跟哪儿啊？文森特心想，但随即意识到修拉这个问题根本不是在问他，而是在给自己接下来的话做铺垫。

“我知道我很聪明。”修拉自问自答道，“而且我也很勤奋，每天连续画 10 个小时以上，一年 365 天不休息。但光靠这个就能颠覆印象派？”

这个问题应该也不是在问他，果然……

“呵呵……别傻了。”修拉再一次自问自答，“既勤奋又聪明的人到处都是，为什么他们没能颠覆印象派？”

“为什么？”反正不是真的问自己，何不推波助澜一下。

"问得好！"修拉指着文森特，"就是因为碰巧！"

他再次拿起茶几上的书甩了两下："碰巧谢弗雷提出了互补色理论；碰巧有人用他的理论写了关于绘画的书；碰巧被我看到；又碰巧，我是个对科学特别感兴趣的画家，然后将这种理论运用到我的作品上……"

他没有再往下说，而是像个数学老师那样，等待文森特根据解题思路给出最终答案。

文森特却像个呆子似的看着他。

他叹了口气，放下手中的书，黯黯地说："世间万物都是巧合，在时机到来之前，做什么努力都是白费力气。"

文森特呆呆地望着眼前这个眉清目秀的年轻人，心想这实在是个让人摸不透的小子，说不清他究竟是个谦虚的智者还是个喜怒无常的精神病。自从进入画室到现在，情绪一直在跟随着他而上下起伏，上次有同样的感受还是高更游说他离开巴黎时。

此时此刻的文森特，怎么都想不到，几分钟后自己会狠狠揍他一顿。

……

一切都发生在文森特即将离开画室的时候，在那之前气氛一直都很平和，修拉送他到门口，为他开门，甚至约定从今天开始通信联系。

就在文森特离开之前，他再一次被门口那堆垃圾吸引，他站住了脚，指着那堆垃圾问："这是盖比的东西吗？"

"砰"的一声，门被修拉重重地关上了，还没等文森特反应过来，修拉已经揪住了他的领子，仿佛瞬间变了个人似的恶狠狠地瞪着他。

"你究竟是谁？"

"你说什么？"文森特想推开修拉，但他拽得很紧，一下子没推开。

"从你进门那刻我就觉得你有问题，别以为我没察觉到你盯着那堆东西的眼神！快说！盖比究竟在哪里？！"一颗衬衫纽扣被修拉扯了下来，掉在地上弹了两下。

"你疯了吧！"

"你说不说？！"修拉近乎在咆哮。

"乔治，我警告你，你再不放手的话……"

"你说不说……"

啪！文森特一记右勾拳重重地落在修拉的鼻子上，他也没想到拳头落在鼻子上会是这个声音，就像扭断鸡骨头的声音。修拉应该也没有想到，从他惊讶的表情就能看出。两行鼻血同时从他的鼻孔里淌了下来，攥着衬衫的手终于松开了，他两腿一软坐到了地上。

文森特依旧紧紧地攥着拳头，居高临下地看着他。

"我警告过你的。"他说。

修拉坐在地上摸了摸鼻子，看了看手上的血，反而笑了起来："呵呵，我真是活该。"

认定他不会再次扑上来后，文森特捡起掉在地上的衬衫纽扣，一时不知该说什么。

"你不是盖比派来的？"修拉捂着鼻子，语气平静了许多。

文森特没有回答。

"好吧，那你也不知道她在哪儿，对吗？"

依旧没有回答。

修拉点了点头，捂着鼻子，眼神看起来有些失望。

文森特本想就此一走了之的，但修拉可怜兮兮的样子又激起了他骨子里那种牧师般的同情心。他叹了口气，从上衣口袋里掏出一块手帕递给坐在地上的修拉，并在他身旁的地板上坐了下来。

"你想聊聊盖比吗？"

修拉接过手帕捂在鼻子上，瞟了一眼文森特："呵呵，看来你也被她害得不轻。"

文森特学着他表达了一下情感："呵呵……"

"你相信缪斯吗？"修拉问。

文森特没有回答，因为他知道这又是个铺垫。

"我信。"修拉说。

他捏着鼻子说话的声音听起来很可笑，但文森特却笑不出来，他看了看修拉："对于一个相信科学的人来说，同时相信缪斯不矛盾吗？"

"遇到她之前确实不信，但我这人总喜欢反思……"

文森特心想他刚才总结的那套"巧合论"，大概就是他反思的结果。

修拉继续用那古怪的鼻音说："她只要一出现在我生命中，我的事业就会迎来突破口，你可以说这是一种巧合。但接二连三的巧合，难免会让人产生遐想。"

文森特不由自主地回想起几次遇到盖比时的情形：一次在洛特雷克的画室，她给他讲了透纳"开一枪"的故事；另一次在大碗岛，她让他自己说出了"对比色"的理论，但这些都是他本来就知道的东西，如果这也能算灵感，那缪斯女神的入职门槛看来也不高。

"对了，"修拉打断了文森特的思绪，"你怎么知道这是盖比的东西？"他指了指墙角的那堆破烂。

文森特指着那只折了一条腿的画架说："我见她用这个画架写生过。"

"哦，那是我送给她的。"

文森特这时才意识到，画架上的"G.S."原来是"乔治·修拉"（George Seurat）的意思，之前还一直以为那是"盖布里埃尔·S"什么的缩写呢。

"有的时候，我甚至怀疑她是我幻想出来的……"修拉说，"但种种迹象又告诉我，她是真实存在的。"

文森特瞪大了眼睛看着修拉，仿佛遇到了一个知音。修拉此刻正盯着那个坏掉的画架，并没有注意到身边的文森特在默默点头。

"不知道她现在怎么样了，"修拉像是在自言自语，"她那天离开时，真是遍体鳞伤。"

"你打她了？"文森特攥紧了拳头。

"当然没有！我又不是野蛮人。"修拉低下头，"不过，也确实是我造成的。"

"你究竟做了什么？"

"唉……巧合，一连串的巧合，该死的巧合。"

"别吞吞吐吐的，到底怎么回事？"

"这事说来话长……"他和文森特对了个眼神，眼里充满了忧伤，"那我尽量长话短说。"

他拿开捂在鼻子上的手帕，血已经止住了，但鼻音仍然很重。

"盖比这个人，神出鬼没的。不光是她的行踪飘忽不定，她对人也是若即若离的，她能在上一秒让你觉自己是全世界的中心，是宇宙之王，下一秒就把你变成个可笑的小丑。她就是有这种能力。"

"我可没时间听你的爱情故事。"

"知道知道，马上就到重点了。"

"认识她四个月，我都不知道她住在哪儿。每次见面都像是偶遇、巧合！你懂我的意思吗？"

文森特皱着眉头，但脑袋却不由自主地点了点。

"而且她从不谈论自己的身世，问她她也不说。于是我开始到处打听，发现身边的人居然都认识她，但没有人知道她的全部，都只知道某一部分，当你把这些只言片语组合起来，又会发现里面有许多自相矛盾的地方。"

"自相矛盾？"

"比如她的年龄，就一直是个谜。她究竟几岁，我到现在都没搞明白。"

文森特点点头，问："你为什么对她这么感兴趣？"

"我也问过自己这个问题……"修拉看着文森特，但目光却聚焦在更远的地方，"我从小在巴黎长大，你懂的，巴黎这地方，什么样的女人都有……但我从没见过她那样的……是的，没有。"

"总之就是个神秘莫测的女人。但你知道的，当男人遇到这样的女人时，就会产生一种莫名的征服欲。我也知道她身边一定围绕着许多像我这样的男人，但越是这样，我越无法忍受。"

他闭起眼睛叹了口气，再次睁开时仿佛又重新回到了现实："于是我跟她表白了，提出了想要确定关系的想法。"

"确定关系？"文森特一时没有找到这个词的定义，"你是说求婚吗？"

"差不多吧。"修拉耸了耸肩。

"差不多求婚？是什么意思，半蹲着求婚吗？"

"好吧，这就是问题的关键，我不能真的向她求婚，因为我那时……有个未婚妻。"

"什么？！"

修拉瞬间缩成了一团，双手挡着脸。

"我不揍你。"文森特放下拳头，"你怎么没说你有未婚妻？"

修拉战战兢兢地放下双手，动作很慢，像是在防备随时可能到来的突袭，"哦……可我也没说我是个圣人啊。"

文森特什么都没说。如果是在两年前，他一定会大骂眼前这人是一坨屎，来到巴黎后逐渐发现，这种脚踏两条船的行为其实是巴黎男人的普遍行为。在巴黎，一个没有情妇的人，反而会成为别人眼中的异类。对于文森特来说，虽然他依旧是一坨屎，但自己至少能做到见怪不怪了。

"好吧，然后呢？"

"她答应了。"

"答应？答应什么？做你的候补未婚妻？"

"她说可以试试看。"

"然后呢？"

"然后……玛德琳知道了。"

"玛德琳是谁？你的……正牌未婚妻？"

修拉点点头。

文森特指着那堆破烂问：“所以这是玛德琳干的？”

修拉又点点头。

“你为什么不拉着？”

“我的天，玛德琳壮得像头河马。”

文森特看了看他单薄的身板，想象着玛德琳的样子：“事情是在这儿发生的？”

修拉点点头：“盖比平时住在这儿，那天她是来收拾行李的，说她要回趟老家。”

文森特想起了最后一次见盖比的那个雨夜，她乘坐的马车原来是他的，而马车里那个戴高帽子的男人应该就是乔治·修拉本人。

“她说为什么了吗？”

“她没说，”修拉耸了耸肩，“不过她前一天刚知道我有未婚妻这件事，现在回想起来可能就是这个原因。”

“你求婚时没告诉她？！”

修拉摊了摊手，像是在说：“废话！”

文森特盯着那个折了腿的画架，盖比的面孔顿时浮现在他的眼前——她面颊绯红，直勾勾地看着他的眼睛说：“因为没人爱我。”

“她第二天一早来收拾东西，”修拉说，“鬼使神差的，玛德琳正巧也过来了，她平时从来不会不打招呼就来我画室的，你说是不是巧合？"

修拉又看了一眼那堆破烂："我来的时候就看到她遍体鳞伤的，正在往楼下走。但她却没有哭，这种情况下女人一般都会哭的，不是吗？但她却没有。她看我的眼神，我到现在都记得。"修拉抬起头，仿佛能从他眼里看到盖比的眼神——冷漠、失望。

"当时我就知道我们完了，她再也不会回来了，是我对不起她。"

"哼……"文森特说，"你总算说了句人话。"

修拉用双手搓了搓脸，指着那堆破烂说："她走的时候什么都没带，所有家当都在这里，能上哪儿去呢？"

文森特站起身，拍了拍裤子。

"嘿！乔治。"他居高临下地看着修拉，眼中充满冷漠和失望，"你就是一坨屎！"

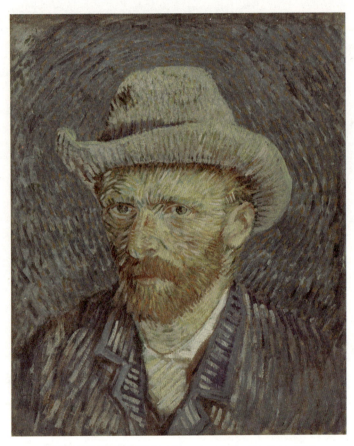

《戴灰色毛毡帽的自画像》（*Self-Portrait with Grey Felt Hat*），1887

亲爱的提奥：

非常感谢你的来信，以及随信寄来的 100 法郎现金和 50 法郎汇票。

昨天高更和我去蒙彼利埃参观了一座美术馆，尤其是布吕亚斯的收藏室。布吕亚斯是库尔贝的赞助者，一位络腮胡、红头发的绅士，样子同你我惊人地相似，就如同亲兄弟一般。

围绕库尔贝，高更和我讨论了很久。我们讨论得异常激烈，周围的空气仿佛都带了电。讨论结束后，我们的大脑彻底放空，就像是放完电的电池。

我觉得，高更不怎么迷恋阿尔勒这个美丽的小城了，对我们的"黄房子"也心生厌倦，尤其是开始讨厌我了。

总而言之，我觉得他即将一走了之。

我建议他斟酌利弊，三思而后行。

如果他在这里找不到内心的宁静，在别的地方难道会找到吗？

我万分平静地等待着他的决定。

你永远的

文森特

1888.12.20

27

巨型屁股

那天之后文森特就不去"二号"了，毕竟老鸨都这样语重心长地劝他了，再去就有点不识相了。但每当路过那儿时，他还是会站在门口抽会儿烟，幻想一段不期而遇的重逢。

所幸他的工作并没有受到影响。真正的艺术家是不会被偶然的情感波动影响的，相反这只会刺激他们的创作欲望。文森特甚至比之前更加高产。自从搬进"小黄屋"之后，他就坚持每天出去写生，风雨无阻。

高更刚来那会儿还和他结伴去写生，但几周后他去得就没那么勤了，1个多月后，他几乎只在室内画画，过上了从黄房子到午夜咖啡馆两点一线的生活。

而文森特不知道的是，高更其实还在忙些别的事。

……

这天天气不佳，文森特早早结束了写生，回到黄房子，一进门就撞见了房东——吉努夫人。她正满脸通红地坐在厨房的餐桌旁，桌上连杯水都没有。

　　文森特立刻感觉到了空气中的尴尬气氛。人与人之间的尴尬气氛通常是两人合力打造的，当你对面的那人一脸尴尬时，你是很难让自己不尴尬的。他站在门口，背上背着画具，手里还拎着一幅画到一半的油画，表情就像半夜起床撒尿时撞见正在偷东西的笨贼。

　　"今天不是收租日吧？"

　　"不是。"

　　他当然知道不是收租日，本想开个玩笑缓和一下气氛的，但显然没有达到效果，反而让气氛更加尴尬了。

　　这时他听到下楼的脚步声，心想应该是高更，先是松了口气，但随即又担心起来——他此刻最害怕看到的就是高更以"吊儿郎当"的形象登场。他开始在心中暗自祈祷：上帝啊，求你让他穿着裤子出来。

　　这次上帝灵验了，高更虽然穿得有些邋遢，但至少没光着屁股。

　　"哟！今天回来这么早？"

　　高更看起来倒是一如既往地从容。他显然也感受到了厨房里的尴尬气氛，文森特和吉努夫人同时将目光移到了他的身上，就像两个来参加新闻发布会的记者，期待他能给出一个合理的解释来化解这场危机。

他看看吉努夫人，又看看文森特。

"我邀请吉努夫人来做我的模特。"

现在所有目光都集中到了文森特的身上，他立刻像抓到根救命稻草似的点了点头。虽然这理由细想起来破绽百出——他请吉努夫人来做模特，却并没有架起画架或拿着速写本下楼；吉努夫人面前连杯水都没有，这显然不是绅士应有的待客之道——但不管怎么说，这个理由至少比"我们一起毒死了约瑟夫，尸体就在楼上"更容易让人接受。

高更随即让吉努夫人摆了个姿势——让她一只手托着头撑在餐桌上，然后往后退了几步。

"瞧我这记性！"他拍了拍脑袋，随即奔上楼，下来时手里拿着速写本和炭笔，"对，就这样，不要动。"他坐在吉努夫人对面开始画了起来。

文森特总算卸下了身上的装备（画架、画布、草帽什么的），坐在一旁点起烟斗看着他俩。要放在平时，他一定会用半开玩笑的语气抱怨，自己来这儿都快 1 年了，吉努夫人也没让他画过，高更才来 1 个多月……算了，还是别让气氛再次陷入尴尬了。

这时他忽然灵机一动，起身架起画架，也不问吉努夫人同不同意，便开始画了起来。

吉努夫人白了他好几眼，每次高更都提醒她不要动。

1 个小时后，文森特完成了一幅吉努夫人的肖像画，背景用的是黄色，而高更只完成了一幅炭笔草稿。

……

高更后来花了几周的时间才把草稿誊到了画布上，背景用的是午夜咖啡馆的红墙，还把咖啡馆绿色的台球桌也放了进去，画面看起来比文森特的那幅画更加鲜艳。

但朋友都觉得高更只不过是将文森特的两幅画合二为一了——《约瑟夫·米歇尔·吉努夫人》加上《午夜咖啡馆》的背景。但文森特却并不怎么在意，甚至还为高更辩护："吉努夫人本来就长这样啊，午夜咖啡馆也确实有一面红色的墙。"

……

12 月初，文森特和高更去了一次蒙彼利埃，造访了那里的法布尔美术馆。这是一座以著名历史画家弗朗索瓦·法布尔的名字命名的美术馆。

1888 年 12 月正好是美术馆建馆 60 周年，时任馆长决定在这个月展出全部馆藏。这件事在艺术圈也算是尽人皆知的新闻了，作为"未来知名大画家"的文森特和高更当然不能错过这个机会。但他们并不只是去凑热闹的，两人都想借此机会一睹那个"法兰西最著名的屁股"。

……

"这大屁股，和鲁本斯画的屁股有一拼。"

两人站在一幅 2 米多高的巨幅油画前，画面中心是一个真人大小的裸女，她背对着观众站在一片森林中，可能是刚洗完澡上岸，屁股上围着一条白布，但白布却遮不住她那雄伟的屁股，隔着画框都能感受到它的重量。画面右侧还有一个女仆模样的人，看到她的巨型屁股，袜子都被吓掉了。

"这幅画当年确实轰动一时。"高更盯着那幅画，但目光似乎又聚焦在更远的地方，"我那时候五六岁，跟着母亲刚从秘鲁来到法国，在奥尔良跟祖父生活。"

文森特注意到他说到法国时用了"来"，而不是"回"。

"我现在还记得祖父当年是怎么形容这幅画的——'带酒窝的屁股'。哈哈哈……"高更被自己的话逗笑了。

"这话是诗人戈蒂埃说的，他在《新闻界》的艺术评论专栏发表过。"文森特纠正道。

"不不不，是我祖父先说的。"高更看起来十拿九稳。

"好吧。"文森特耸耸肩，表示没必要为了这种事情争论。

高更瞟了文森特一眼："你好像对这幅画挺了解的，那时候你还没出生吧？"

"我跟这幅画同年，1853 年的。"

"那你应该没见过这幅画吧？"

"没有，"文森特摇摇头，"这是第一次。"

"你知道这幅画卖了多少钱吗？"

"多少钱？"

"3000法郎！"高更握起拳头在另一只手掌上捶了一下，就像拍卖师宣布成交似的，"仅凭一幅画就做到财务自由，真是难以置信！"

"你应该也不知道是谁买的吧？"高更又问。

文森特没说话，因为他知道高更其实是在自问自答。

"是库尔贝的朋友！他是个收藏家。"他拍了拍额头，"叫什么来着？阿尔？阿尔夫？"

"阿尔弗雷德·布吕亚斯。"文森特接道，"这里一半以上的艺术品都是这个'朋友'的收藏。"

"你怎么都知道？"

"我以前就是干这行的。"文森特说，"刚到古皮尔画廊时，整天就研究各种艺术评论专栏，还到处搜集艺术家生平。"

文森特指了指高更身后："事实上，布吕亚斯就在那儿。"

"哪儿？！"

高更顺着文森特手指的方向望过去，那里挂着一幅画。

这幅画只有那幅大屁股女人画的一半大，上面画着三个男人，左边两个，右边一个，三人狭路相逢。右边的那个男人一看就是个画家，留着一脸黑胡子，一身轻便装束，背着画具，手里拿着一根木棍，看上去正准备去写生。左边两人一前一后地站着，从衣着打扮看，他俩的关系应该是主人和随从，正在向画家行脱帽礼，样子毕恭毕敬；而画家则仰着脑袋，一脸高傲，就像一个正在接见外国使臣的国王。

"《一次会晤》，也叫《早上好，库尔贝先生》，那个红色胡子的就是布吕亚斯。"文森特指着那个主人模样的人说，"你说的那个'朋友'。"

"那这人就是库尔贝喽？"高更指着那个高傲的画家。

"我想是的。"

"他哪有这么英俊！我看过他的照片，肥得跟头猪似的。"

"可能这是他年轻时的样子吧。"

"我看是他想象中的样子吧。"

高更又将注意力移到布吕亚斯身上："这人跟你长得倒是挺像的，也是红头发。"

"你别说，还真有点。"

"妈的，我要是也有个喜欢大屁股的有钱朋友就好了，老子一定天天画屁股卖给他。"

文森特笑了："那改变艺术史的梦想怎么办？"

"谁说画屁股就不能改变艺术史了？再说了，如果我真能靠画屁股赚到足够的钱，不就能随心所欲地画画了。"

"我们现在不就是在随心所欲地画画吗？"

"当然不是！现在是在为生计画画。"

"为什么而画并不影响创作吧？反正我挺享受现在的生活的。"

"那是你。"

文森特哑口无言。

高更停顿了一下："我并没有冒犯的意思。"每当一个人说这种话时，就说明他准备冒犯对方了。

"你从小在乡下长大，可我不是，我小时候在秘鲁过着皇室一般的日子，24个小时都有贴身仆人伺候……从小的成长环境就决定了我们俩的眼界不一样，我确实没有冒犯的意思。"

文森特皱了皱眉，并没有觉得被冒犯，但他却有种预感，高更接下来将要说的才是他接受不了的。

高更说："我知道，这不是我要的生活。"

"那你想要什么样的生活？"

文森特有些破音，但高更却没有察觉到。

"我也不知道，但就是觉得现在的我，束手束脚的，这不是一个艺术家应该有的状态。"他看着画中的库尔贝说，"我骨子里其实和他很像，高傲、不羁，根本不把画商放在眼里。"

"呵呵……"文森特冷笑了一声，"如果你画个屁股就有人追着要买，确实不会把任何人放在眼里。"

高更还是没有听出文森特话里的火药味，这并不像高更的一贯作风。文森特事后回想起来，觉得他很有可能是故意为之的。而这段看似有感而发的内心演绎，也很可能是事先计划好的。

"相信你也知道，"高更说，"我来这儿其实是为了还债，还我欠你弟弟的债。等还清的那天，就是我离开这个鬼地方的时候了。"

文森特站在原地，觉得浑身发冷。鬼地方，什么鬼地方……黄房子？阿尔勒？还是在说自己？

"那……那南方画派呢？"他的声音有些颤抖，就像拳击手倒地后挥舞的拳头一样，毫无杀伤力。

"呵呵呵……"高更一通怪笑，像个被无知少年提问的智者，每一声笑都像一记重拳，结结实实地打在文森特脸上。

"南方画派这个想法，其实就是一厢情愿。"

"一厢情愿？！"

"是的，我其实早就想通了……"

接下来，高更的嘴一个劲儿地动着，但听不见他说了些什么，文森特的脑海中则出现了另一个声音。

"我就知道，这家伙不靠谱。"

那是盖比的声音，特别清晰，就像凑在他耳边说的一样。

"第一次见面时我就跟你说过，我不喜欢他。你看，现在该怎么收场？"

"是啊，现在该怎么收场？"

"你说啥？"高更一脸狐疑地看着文森特，"什么怎么收场？"

文森特摇了摇头。

"没什么，别在这儿讨论了，回去再说吧。"

……

回去的路上，两人都没有再提起美术馆里的那个话题。

那天发生的事情对文森特来说就像喝酒断片了一样，他不记得是怎么离开美术馆的，也不记得是怎么回到阿尔勒的，只记得高更口若悬河地说了半天，但他只见到他的嘴在动，却没有声音发出来。

日子还是和往常一样一天天地过，只不过两人之间多了层看不见的隔阂。当你心里知道有一个话题是不能提及的时候，这层隔阂就会产生，说话会变得小心翼翼，生怕一不小心又滑到那个话题上。

揪着一件事情不放不是成年人该有的行为，学会独自消化才是。好在高更最近不怎么出现，有时甚至连续几天夜不归宿。

这段时间，文森特几乎没怎么画画，每当拿起画笔时就会想起高更的那句"一厢情愿"。无法动笔对于画家来说是最为苦恼的，况且还不是身体不适或灵感枯竭，而是因为心病，这让文森特觉得自己就像个弱不禁风的娘炮。

不能画画的日子简直就是度日如年，整个 12 月，他觉得自己老了 20 岁。

临近圣诞节，他还没有决定要不要回家。心里总有种不祥的预感，一种只要离开阿尔勒就再也回不来的预感。

12 月 23 日的晚上，他一个人干掉了一整瓶苦艾酒，迷迷糊糊地躺在床上发呆，忽然听到隔壁的房间里传来不寻常的动静。

高更回来了，听脚步声，他不是一个人。

"嘘……轻点儿，我可不想把他吵醒。"

这是高更的声音，他尽量把声音压低，可黄房子的墙壁比纸厚不了多少，这点高更很可能并不知道——他向来都是发声源。

"你们俩究竟怎么了？"一个女人的声音，听起来似曾相识。

高更没有回答，文森特猜他可能正竖起食指放在嘴唇上。

"你打算去哪儿？"那女的又问。

"没想好，应该会先去巴黎，然后再计划下一步。"

文森特犹如遭到一记晴天霹雳；他想冲出去，却连从床上爬起来的力气都没有，仿佛被一根隐形的绳子绑在了床上。下次不能再这样喝了，他看着床头柜上的空酒瓶心想。

"那我呢？"女人问。

"你怎么了？"

"你……不带我走吗？"女人的声音听起来有些犹豫。

一阵沉默，接着是锁行李箱的声音，啪……啪……

"看着我，高更。"

又一阵沉默。

"带我一起走。"她的声音在颤抖。

"那你的……事业怎么办？"

"事业？这也能算事业？"

一声叹息。

"那他怎么办？"

这次轮到女人沉默了。

这女的究竟是谁？虽然身体不能动弹，但此刻文森特的头脑却特别清醒。吉努夫人？他首先想到的就是房东吉努夫人，他俩有一腿？虽然早就看出了端倪，但是亲耳听到还是有些难以接受。天哪，那约瑟夫怎么办？即使他是个蠢蛋，但这么一走了之，对他也太残忍了吧？我得起来劝劝他。妈的！该死的酒精！

"你爱我吗？"女人问道。

高更发出他独有的冷笑声，声音不大，却可以穿透耳膜，听得人浑身打寒战。文森特在法布尔美术馆听到过一次，就在他说"一厢情愿"之前。

"大家都是成年人，别这么幼稚好吗？"高更说。

隔着墙壁都能听见女人粗重的喘气声，听起来她要么处于极度愤怒状态，要么就是在为接下来要做的事情鼓足勇气。

"其实你早就爱上我了，只是不敢承认！"

"这不是吉努夫人的声音！"文森特一下子从床上跳了起来，不由自主地喊出声来，"盖比！"

全世界瞬间鸦雀无声，他都能听到自己的心跳。他活动了一下手指，感觉已经从酒精的束缚中挣脱了出来。接着他缓缓地走到门口，伸手握住门把手，又缩了回来，像个捉奸在床却又不敢打开卧室门的懦弱丈夫，他不知道该如何面对门另一边的人。

隔壁没再说话，几分钟后，楼梯一阵嘎吱作响，紧接着是一阵关门的声音，小黄屋再次回到死一般的安静状态。

接下来，恐怖的事情发生了。

……

那天以后，小镇的居民间开始流传一个古怪的见闻——有人说在深夜看见一个红发男人在雪地里狂奔。每个声称自己亲眼看到的人，描述出来的细节却大相径庭。有人说他赤身裸体；有人说他一边跑一边胡言乱语地咆哮；还有人看见他浑身是血，手里还拿着一把匕首。传闻唯一的共同点是，那个红发男人就是住在街口那栋黄色小楼里的画家，那个荷兰佬。所有人都一口咬定——他疯了，即使他们中间没有一个是精神病医生。正常人怎么可能在雪地里那样狂奔？文森特自己，则要在整整 1 年后才有勇气正视这段记忆，但回忆却是支离破碎的——那天晚上发生的事情，把他整个人都打碎了。

究竟发生了什么？

首先可以肯定的是，他并没有赤身裸体，但穿得也确实不多，可能只穿了一件衬衫。因为他记得自己忽然被冻醒，发现自己正站在黄房子外的十字路口，手上拿着一把剃刀。他很确信那是一把剃刀，而不是匕首。

他想不起来自己为什么要拿着剃刀，但是记得有一个声音一直在他耳边重复着——"高更要跟盖比私奔……高更要带着盖比私奔了……"那是一个既熟悉又陌生的声音——那是盖比的声音。

下一个场景：高更惊恐的表情。他站在离自己不到 1 米的地方，被自己的样子吓坏了，嘴里一个劲儿地问"你干吗"，每问一遍就往后退一步，眼睛不停地在他脸上和他手中的剃刀上来回打转。

再下一个场景：他躺在自己的床上，浑身发抖。那个声音——盖比的声音越来越清晰，跟着高更的声音也飘了进来。他们并没有对话，而是在呻吟，高更的叫声盖过了盖比，几乎是在嘶吼，伴随着每一声吼叫，高更一遍遍地撞击文森特头顶的那堵墙。咚……咚……咚……他用尽浑身的力气捂住耳朵，但那个声音依旧清晰，咚……

咚……咚……

再下一个场景：那是他整个晚上第二次的清醒时刻——第一次是站在雪地被冻醒，而第二次清醒，同样是因为生理反应——他感到左耳一阵剧痛，从脸颊到脖子就像浸在水里似的。他伸出左手摸了下脖子，感觉黏黏的，手掌上全是鲜血。他摊开右手，手里攥着一只耳朵……沾满鲜血的剃刀躺在地上。这一刻他的头脑是清醒的，他知道自己得马上去医院，于是找了一块布把耳朵包了起来，套上外套，跌跌撞撞地离开了黄色小屋。

再下一个场景：盖比登场，背景是"二号"的门口，所以她应该是瑞秋？他又一次陷入了混乱，显然他没去医院，而是鬼使神差地来到了妓院门口。瑞秋站在雪地中，脸上没有一丝惊慌失措的神情，像个女神般看着他。

空中开始飘起了雪花，白色的雪花，看起来就像杏花花瓣似的，飘散在瑞秋身上。那一刻，她变成了一个女神。

"真是一团糟呢。"

最后一幕，他躺在卧室的地板上，头枕在盖比的腿上。温暖、舒服，屋子里充满杏花的香味，盖比捋着他的头发，在他耳边轻轻地说："不过，谢谢你为我做的一切，我们终于能永远在一起了。"

《约瑟夫·米歇尔·吉努夫人》（*Madame Joseph-Michel Ginoux*），1888

亲爱的提奥：

我的身体还不错，伤口愈合得非常顺利，大量失血也得到了补充，因为我吃得好，消化也好。我最担心的是失眠，我非常害怕一个人在房子里睡觉。我要告诉你一件怪事，就在我失眠的过程中——那种状态比昏迷还要糟糕——我脑子里出现了德加曾说的话："……我之所以活着，是为了画那个阿尔勒女人。"

康复之后，我必须重新开始。但我再也达不到这场病促使我达到的高度。

我谴责自己太过胆小，我应该更好地捍卫我的画室，就算同警察和邻居互殴也在所不惜。换作他人，也许已经操起左轮手枪战斗，干掉一个傻呆呆的旁观者了。我要是能那样做就好了，但我胆子太小了，而且喝了酒，生了病。

当然，归根结底还是不够勇敢。

文森特

1889.9.7

28

左轮手枪

"我想，那次真是把他们吓得够呛。"

文森特半卧在加歇医生的沙发里，回忆着 1 年半前初次发狂的那个夜晚。

加歇医生的办公室乱得像个古董商店，墙上挂满了各种油画、铜版画，几乎没留出一点空隙，这些都是加歇医生业余时间的"即兴发挥"。

"对不起，文森特，你说吓得够呛，指的是谁？"

加歇医生坐在他对面的椅子上，膝盖上放着一个白色的文件夹，鼻尖挂着老花眼镜，正在一个小本子上写着什么。

"高更……还有瑞秋。"文森特说。

加歇医生没有抬头，甚至没有瞟他一眼，手中的笔一直没有停下。

"瑞秋……是那个性工作者，对吗？"

"对。"文森特说得很轻。

"据我所知，你把整个小镇的人都吓坏了。"

文森特没有接话，两眼一直盯着天花板。

加歇医生看了他一眼，停下了手中的笔，合起本子放在文件夹上。

"文森特，你准备好了吗？"他的声音听起来十分专业。

"准备好什么？"

"聊聊那天究竟发生了什么。"

文森特沉默片刻，说："我们不是聊过好多次了吗？"他指了指加歇医生膝盖上的白色文件夹，"而且病历上也都写了吧？"

"确实，"医生将膝盖上的文件夹放到了地上，但本子依然攥在手里，"不过每次都只聊到你把自己的耳朵交给了那个妓女，就没有再继续下去了。"

文森特叹了口气，下意识地摸了摸自己已经不复存在的左耳，伤口虽然早已愈合，但却留下了一道长长的、可怕的疤痕。

"那件事已经过去 1 年多了吧？"加歇医生说，"我想你应该已经准备好正视它了。"

文森特并没有接话，依旧盯着天花板。加歇医生也没有再说话，只是静静地坐着，等待他开口。房间里能清楚地听见座钟有节奏地打着拍子，"嘀嗒、嘀嗒、嘀嗒……"

"我想我出现了幻听。"文森特打破沉默。

加歇医生满意地点了点头，翻开本子写了几个字。

"那是第一次吗？"他问。

文森特皱了皱眉头："我也不清楚。"

"不清楚？"

"是的，医生。"文森特挪了挪身子让自己躺得更舒服些，"我不清楚在那之前有没有出现过幻听，但那次，是我第一次确信自己幻听了。"

"嗯……"加歇医生在笔记本上写下"逻辑缜密"几个字，点了点头，"你为什么那么确信那次是幻听呢？"

"呵呵……这还不够明显吗？"文森特用手指点了点左耳原来的位置，"否则你以为我割耳朵是为什么？懒得掏耳屎？"

加歇医生一本正经地盯着文森特，或许被病人逗笑是种不专业的表现。

"那我可以这样理解吗？你之所以割耳朵，是想让幻听现象停止？"

"是的，你可以这样理解。"

"很好。"医生又在本子上写了几个字，"那有用吗？"

"没用。"

医生点点头："能形容一下你听到了什么吗？"

"不该听见的声音。"

"不该听见的声音？"

"是的。"

"你认识那个声音吗？"

"认识，事实上你也认识。"

"是高更吗？"

"对，其中一个是。"

"其中一个？一共有几个人在讲话？"

"两个，高更正在和……另一个人对话。"

"那'另一个人'，你也认识？"

文森特思考了半天，摇了摇头："我不确定，因为我没看见，只是听见了她说话的声音。"

医生点了点头，又在笔记本上写了几笔："那他们说了些什么？"

"高更说要离开阿尔勒，我想是那句话刺激到我了。"

"为什么？"

"我害怕他离开后，南方画派就搞不下去了。"他耸了耸肩膀，像个空手而归的渔夫，"事实证明，也确实没搞成。"

加歇医生微微扬了扬嘴角，显然他对这段时间的治疗成果还算满意。他又在笔记本上写下"会自嘲"几个字。

"想聊聊南方画派吗？"医生问道。

"那是个很棒的计划。"文森特说，"我和我弟弟计划效仿米勒和柯罗他们，在南方成立一个青年画家工作室，远离城市喧嚣，同时又能让他们感受到南方鲜艳的色彩。"

"听起来确实很棒。"

"是啊，其实我应该坚持一下的。"

"坚持？怎么说？"

"嗯，高更离开后，当地邻居写了封联名信给市长，要把我赶出阿尔勒。其实我知道那不是他们的本意，我平时与他们相处得很好，而且那次发病也并没有伤害到任何人……当然，除了我自己。"

"那他们为什么要写联名信呢？"

"因为我得罪了一个大人物。"

"大人物？"

"安德鲁少爷，当地首富的儿子。"

"怎么得罪的？"

"这和我的病情没关系，是发病之前的事了。"

加歇医生刚想追问，却被文森特打断："我本该更好地捍卫我们的画室的，真该用左轮手枪干掉一两个写联名信的呆瓜，这样他们准会闭嘴了。说到底还是自己胆子太小了。"

"左轮手枪？你这比喻还真是……"

"这可不是什么比喻，医生。"文森特起身从地上拿起他随身携带的挎包，伸手在里面掏了掏，居然真的拿出一把漆黑的左轮手枪，举在半空晃了晃。

医生几乎从椅子上跳了起来，连手中的本子都掉在了地上。

"这……你从哪儿弄来的？"

"我在当地认识几个当兵的，他们帮我搞的。"

"放……放回去吧！请你放回去！"

文森特看了看手里的左轮手枪，又看了看医生那张紧绷的脸，把枪塞回了包里。

"你一直……随身带着……那玩意儿？"医生的声音听起来紧张得要命。

"我自己都纳闷。"文森特把挎包放回地上，用脚踢到一边，"医院，和后来的圣雷米精神病院，居然都没人翻过我的包。"

医生的眼睛一直盯着那只包，直到文森特将它踢到自己够不着的地方，才稍微放松了一点，弯腰捡起掉在地上的笔记本。

"那后来呢？"

"后来？后来我就去圣雷米精神病院了，本以为最多在那儿住3个月，没想到一住就是1年。哦，对了，在那之前还在阿尔勒的医院待了一段时间，那儿比精神病院好些，至少能自由走动，还可以外出画画。刚到精神病院那会儿，只能在病房里待着，每个月还得给那儿交100法郎的看护费，简直就是花钱买罪受。"

"但是看病历上说，你是自愿去圣雷米的，对吗？"

"是的，我怕发起病来会伤着别人。"

"你有过伤人的行为吗？"

"那倒没有，但我发起病来还挺可怕的，抓到什么东西都往嘴里塞。"文森特像说笑话似的掰着手指数了起来，"我吃过颜料，吃过松节油，吃过土，还溜进医院的锅炉房吃煤灰。"

"是为了故意伤害自己吗？"

"我不知道，吃的时候一点印象都没有，都是事后别人告诉我的。"

医生低头在笔记本上记了几笔："除了幻听和吃……奇怪的东西外，还有其他什么别的症状吗？"

文森特缓缓地摇了摇头，又突然想起了什么："哦，对了，我有过一次幻觉。你们叫幻视？"

"说说看。"

"就在我把耳朵给了那个……那位女士之后，我又回到了小黄屋，就是我之前跟你提过的那栋两层楼小屋子……"

医生点点头。

"我记得我走回了自己的卧室，还把外套脱了下来，这我记得很清楚，然后躺在了床上，也可能是躺在地上，这就有点模糊了，总之是头枕在脱下来的外套上。"文森特将手掌贴在脸上模仿当时的样子，"接着幻觉就出现了……

我进入了德拉克罗瓦的一幅画中。你见过他的《圣母怜子》吗？"

医生迷惑不解："你能形容一下吗？"

文森特闭起眼睛，仿佛正在捕捉那幅幻象。

"我感到自己的脑袋不是枕在外套上，而是枕在圣母马利亚的腿上，那种感觉特别真实。她用手指轻拂着我的头发，就像这样……"

他歪着脑袋捋着自己的头发，一下、两下……捋到第六下的时候，医生终于忍不住了："然后呢？"

"哦！"文森特像忽然被叫醒了似的，眨了眨眼睛，"后来，后来我慢慢感觉不到耳朵的疼痛了，之前的幻听也消失了，变得很安静。"

"那一刻我以为自己已经死了，但睁开眼看到的却不是天堂，而是阿尔勒医院的天花板。说实话，还挺失望的。"

医生右手托着下巴，仔细地听着他说的每一个字，然后问道："你是基督徒吗，文森特？"

"我父亲是新教牧师。"

"你没有尝试把你看到的幻象画下来？"

"我画了。"

"下次能带来给我看看吗？"

"那幅画不怎么样，纯粹是为了临摹德拉克罗瓦，绝没有传达宗教信息的意思。"

"你不画宗教题材吗？"

"那很扯淡，你不觉得吗？"

"扯淡？你是说宗教画？"

文森特点了点头："当圣母马利亚在马厩顺产了一名男婴之后，首先想到的居然不是喂奶，而是将他放在地上祈祷，你不觉得这很扯淡吗？"他抬头观察了一下医生的表情，"希望这没有冒犯到你。"

医生笑了笑："当然不会，我是个医生，比起宗教，我更相信科学。"他向前探了探身子，故意压低嗓音，"但这话千万别让玛格丽特听到，我那女儿……"医生眼中充满怜爱，"我就没见过比她更虔诚的基督徒。"

文森特微笑着点了点头。

"她对你说了些什么吗？"医生忽然问道。

"玛格丽特？"

"不，圣母，当她用手指抚摩你的头发时，她没说什么吗？"

"没……没有。"文森特的声音有些颤抖，说话时也没有看着医生，而是望着他身后的墙角。

医生眯着眼睛盯着他看了几秒钟，又问："她后来又出现过吗？"

"谁？"文森特看看医生，又看了眼墙角，立刻将目光移回医生的脸上，"不，没有。你是说幻觉？从我离开圣雷米精神病院，就再也没出现过。”

医生的目光始终没有离开文森特的眼睛。

“她此刻就在这间房间里，是吗？”

“当……当……当……”一阵沉稳的钟声。

两人的注意力同时被吸引到了那个古老的座钟上。

文森特如释重负地从沙发上跳了起来。

“今天就到这儿吧。”医生也站起身，“哦，对了，上次那件事，你考虑得怎么样了？”

“你是说那幅吉努夫人的肖像？”

“对，想好要卖多少钱了吗？”

文森特从地上拾起他的挎包，面露难色：“事实上……我还不打算卖。”

“为什么？”医生失望地叫出了声。

“呃……我觉得现在还不是给我作品定价的时候。”

医生挠了挠头：“这是你弟弟的意思？”

文森特背起挎包：“是我弟弟的意思，但也是我的意思。我们现在只接受用作品交换。”

“我的天！那你们喜欢谁的画？我去买一幅来跟你换。”

“你就这么喜欢那幅画？”

“喜欢？我的天！”医生就像被问了一个愚蠢的问题，“这简直就是一幅杰作！100 年后的人一定会看着它落泪的杰作！”

"没那么夸张吧？"文森特双手捏着挎包带子，像个害羞的小学生。

"那幅《星月夜》呢？也不卖吗？"医生不依不饶。

"那幅画得不好，可以说是一幅失败的作品。"

"那何不卖给我？"

"失败的作品，更不能卖了……"文森特吞吞吐吐地说。

医生摇了摇头，拍了拍文森特的肩膀说："有时候我真搞不懂，你究竟懂不懂艺术。"

《圣殇（摹德拉克罗瓦）》[*Pieta（After Delacroix）*]，1889

亲爱的提奥：

最近去了艾克斯附近的乡村——塞尚工作的地方——那儿同这里有着一样的风光，也是克罗平原的一部分。

塞尚的画太适应这个地区了，可以从他的画中感受到，他非常熟悉这里。我发现，将我的作品同塞尚的放在一块儿会很相称，但它们看起来不是同一种东西。

你永远的

文森特

29

大人间的对话

深夜的奥威尔市政教堂。

提奥独自一人坐在教堂门口的长椅上。

玛格丽特走后，他又坐了一会儿。他不想和玛格丽特同时出现在她父亲面前，特别是在夜深人静的时候。他并不在乎这对父女间的关系是否会因为她的泄密而产生裂痕，但至少别在他面前裂开。

……

提奥步行来到加歇医生的住处，并没有马上砸门，而是在门口待了一会儿，倾听屋子里的声音——只能听见院子里的虫叫声，玛格丽特和医生应该都已经睡了。

"砰砰砰……"

他用力拍了拍门，等了一会儿，又拍了四下。

"砰砰砰砰……"

一楼的窗户亮了，二楼也亮了。门开了一条缝，一个睡眼惺忪的女仆从门缝中探出脑袋。

"抱歉，深夜打扰，我有急事找加歇医生。"提奥对女仆说。

"怎么了，提奥先生？"一个男人的声音从女仆身后传了出来。

女仆让开门，回头看了看正在下楼的加歇医生，又看了看提奥。

"抱歉，医生……"

"出什么事了？"加歇医生一边下楼，一边系着睡袍带子，"文森特怎么了？"

"他睡着了，医生。"提奥异常冷静地说，"我想跟您谈谈。"

加歇医生愣了一下："好的，快请进来吧。"他转身对女仆说，"你去睡吧，安娜，这里没事了。"

"是，先生。"

"去我的书房聊，怎么样？"

提奥点了点头，做了个"请"的手势，跟着加歇医生穿过走廊，走进他那间古怪的书房。文森特曾形容这间书房"简直就是中世纪的炼金术实验室"，确实，书房里堆满了各种稀奇古怪的东西，都是加歇医生从各地收集来的。

"请坐。"医生指了指书房正中的一张沙发，这是文森特每次来这儿都会坐的位置。

"喝点什么吧？威士忌？"

"好的。"提奥并没有马上坐下，"再次抱歉，这么晚打搅。"

"别放在心上，反正我也睡不着。"医生倒了两杯威士忌，将其中一杯递给提奥，两人面对面坐了下来。

"说说吧，提奥，怎么了？"

"那我就开门见山吧，医生。"

"再好不过了。"

"我怀疑文森特的自杀，与您有关。"

加歇医生瞬间定格，微微张着嘴。座钟"嘀嗒、嘀嗒……"的声音成了屋子里唯一的动静。

"嘀嗒、嘀嗒……"

提奥目不转睛地盯着加歇医生，盯着他的眼睛，坚定、毫无惧色。

"嘀嗒、嘀嗒……"

20多个"嘀嗒"后，加歇医生总算缓过神来，他眨了眨眼睛："不是，我不懂，你为什么会这么想？"

提奥并没有回答，而是接着问道："您认识塞尚吧？"

"是的，认识，我们是多年的老友，你怎么知道的？"

提奥扬了扬嘴角，把这个问题混了过去。他不想那么快出卖玛格丽特，虽然加歇医生早晚也能猜到，但他不想从自己嘴里说出来。

"我再问您个问题，"提奥说，"与塞尚相比，您觉得文森特怎么样？"

"你是说他的画？"

"当然。"提奥觉得这老头是在明知故问。

此刻的加歇医生，似乎已经彻底从刚才的惊讶中缓了过来，他喝了一小口威士忌，说道："我并不是艺术批评家，但以一个业余艺术爱好者的角度来看，我觉得他俩的画都很棒。只是……"他看了看提奥，"我觉得文森特缺了点故事。"

"故事？"

"是的，提奥先生，故事！"

"怎么说？"

提奥向后靠在沙发背上，双手抱在胸口，目光始终没从加歇医生的眼睛上移开。

"不瞒你说，"医生说道，"我不光与塞尚交好，和马奈也是多年的好友，除此之外，还有瓦拉德……你应该听说过他吧？"

"当然。"提奥点了点头，"一手捧红塞尚的画商，也算是我同行中的风云人物了。"

医生也点了点头，继续说道："我经常同瓦拉德讨论关于'画家要如何被更多人认识到'的话题，我们都同意一个观点——成功的画家，背后都有一个精彩的故事！"

提奥捏着拳，顶着自己的嘴，依旧镇定："比方说呢？"

"比方说……"医生刚要开口，抬眼看了看提奥，想了想，继续说道，"比方说马奈，他和女画家莫里索有说不清道不明的关系，还和自己的钢琴老师有暧昧关系……这正是人们喜欢看的故事。"

他又看了看提奥，仿佛正在从他的表情变化中揣摩他的心思。

"再比方，塞尚。他的故事，就是左拉杜撰的那本小说——《杰作》，你一定看过吧？"

"看过，一个自杀了的失败画家。"

加歇医生眼角的皱纹变得比之前更深了，他没接话，似乎是在反过来等待提奥的总结。

"所以……"提奥说，"一场虚构的自杀尚且如此轰动，更何况一次真实的自杀呢。"他死死地盯着加歇医生的眼睛，"不是吗，医生？"

加歇医生笑了起来，仿佛提奥的话正中他的下怀。

"提奥先生，恕我直言，"他举起酒杯，"我看你是侦探小说看多了吧？"说完抿了一口威士忌，"你觉得，这场'自杀'是我制造出来的故事？还是说——你觉得是我朝你兄弟开的枪？"

提奥没想到加歇医生居然如此镇定，这反而让他乱了阵脚。是啊，从他来这里的路上，一直到刚才，他都坚信加歇医生与这件事有脱不开的干系。但真的从医生嘴里说出来时，听起来却又像是天方夜谭。是啊，他的结论完全建立在玛格丽特的一面之词上，就因为她是加歇的女儿，这层关系使他本能地觉得一切都那么可信。但冷静下来想想，确实没有任何证据。

"但是，我实在想不通，他究竟有什么动机要这样做？"他的声音已经不像之前那样坚定，语气也从质问变成了求助。

"我也想不通。"医生晃了晃手中的酒杯，"就像你之前说的，一切都在往好的方向发展。这一点我同意。事实上，我认为他已经离痊愈不远了，究竟是什么事让一切急转直下呢？"

他说这番话时，眼睛一直盯着提奥，仿佛心中早已有了答案。

提奥不知道该说些什么，低着头，像个听候发落的囚犯。

"提奥先生，文森特的画至今没有销量，究竟是因为什么？"医生停顿了一下，"我想你比谁都清楚。不是吗？"

"您究竟想说什么？"提奥的眼神与医生交汇了一下，马上又逃开了。

"他的画并不是没人要，而是你一直压着不卖，不是吗？"加歇医生站了起来，居高临下地看着提奥，"我不知道你是出于什么动机。因为你们的兄弟关系不方便推销，还是单纯觉得他画得不行？"

提奥低着头，不敢正视医生的眼睛。而医生却一直盯着他，手中的酒杯几乎要被自己捏碎了。

"如果真的有人朝他开了那一枪……"

"那除了你，没有别人了。"

《有丝柏与星辰的小路》（*Road with Cypress and Star*），1890

亲爱的母亲：

上个星期天，提奥带着妻儿来奥威尔探望我，我们在加歇医生家里共进了一顿午餐。乔安娜是个美丽的荷兰女孩，善良、安静，能娶她为妻是提奥的幸运。小文森特刚学会走路，看起来很健康。

他在加歇医生的花园里玩疯了，这也许是他第一次看到那么多动物——那里有八只猫、三条狗，还有许多鸡、兔、鸭、鸽子等，简直就是个动物园。

午餐的话题主要围绕着我为加歇医生画的那幅肖像，所有人都觉得他愁眉苦脸的样子很可笑，他当时很想要我的另一幅肖像画，但我没有给他，所以才闷闷不乐的。

说到闷闷不乐，提奥最近的状态让我有些担忧，不过应该不是什么大问题，我想是在工作上遇到了些烦心事，相信很快就会好的。

再次感谢您的来信，希望您和惠尔保重身体。在想象中拥抱您。

永远爱您的

文森特

30

小文森特

文森特坐在加歇医生的后花园，抽着烟斗，望着花园中嬉戏的小文森特——那是他的侄子，提奥的儿子。

算上他，梵高家已经有四个文森特了。他爷爷、三伯，还有他自己；更荒唐的是，文森特还有一个未出世就离开了的哥哥，也叫文森特。他到现在也弄不明白，父母为什么要给一个没出生的孩子取名字。不过在家乡教堂的墓地里还有一块他哥哥的墓碑，上面写着他俩共同的名字——文森特·梵高。哥哥死后1年多文森特正好出生了，所以文森特的生日同时也是坟墓里那个哥哥的忌日。每当这天到来，母亲就会站在那块墓碑前，抹着眼泪说："文森特，如果你还活着，就已经跟文森特差不多大了。"每次听到这话，文森特总觉得怪怪的，因为他分不清母亲究竟在对谁说话。

去年，当提奥热泪盈眶地握着文森特的手，告诉他将以他的名字来作为自己的儿子名字时，文森特仿佛看到了当年父亲握着三伯的手说同样一番话时的情景。这当然是一件值得高兴的事，但第一次听到这个消息时，他依旧无法控制地想到："不会吧！又来一个！"

……

"你现在的生活真是让人羡慕。"文森特抽着烟斗，看着在花园中嬉戏的小文森特，加歇医生正尝试用炭笔捕捉这天伦之乐，乔安娜在一旁同加歇医生的女儿玛格丽特聊天。

"你说什么？"提奥有些心不在焉。

文森特瞧了瞧他："你看起来心事重重的。"

"什么？我吗？"

"还是工作上的事吗？"

提奥没有否认，手指尖轻轻转动桌上的红酒杯。

"要我说，你应该当机立断，趁这个机会离开那两个吝啬鬼老板，然后自立门户！"

提奥依旧盯着酒杯中摇晃的红酒："说起来轻巧。"

"咱俩年纪都不轻了，不能总是瞻前顾后的。"

提奥放开了酒杯，转过身面对着文森特说："那我问你，如果自立门户，我是留在巴黎，还是回荷兰，还是干脆到这儿来跟你做伴？"

"你能来这儿当然再好不过了。"文森特像个孩子似的咧开嘴。

"说得轻巧,"提奥朝乔安娜投去一道目光,"乔好不容易适应了巴黎的生活,你让她搬家?还有这小家伙,"提奥又朝小文森特的方向歪了歪头,"打生下来身体就不好,这里有像巴黎那样的儿童医院吗?"

"那……那就留在巴黎好了?"

"留在巴黎?那就会成为那两个吝啬鬼的直接竞争对手,以他们的实力,想要把我打垮,就跟动动手指头一样容易。"

文森特被弟弟说得哑口无言,也转起桌上的酒杯来。

提奥又接着说:"我已经不再是独来独往的单身汉了,现在做任何决定前,方方面面都得照顾周全——妻子、孩子、事业,还有……"

说到这里突然卡住了,文森特笑了笑,接了句:"还有我这个麻烦鬼。"

气氛瞬间跌入冰点。

"你有没有想过,试试卖我的画?"文森特试图打破沉默。提奥闭了闭眼:"我们又要开始这个话题了吗?"

"我只是想,尽可能地减轻你的负担。"

"你觉得这是在减轻我的负担?"提奥在"减轻"这个词上用了重音。

文森特眉头微蹙，但语气却很平静："我只是想，那么多同行都愿意用自己的作品来换我的画，而且都是些不错的作品。上次去巴黎见了好多朋友，他们都觉得我的进步很大，所以……我只是想，现在卖画时机应该已经成熟了吧？"

　　文森特小心翼翼地说着每一个字，时不时地偷看提奥的表情。

　　提奥面无表情。

　　"我跟你说过，别太把他们的话当回事，真的。他们拿自己的画来交换，无非是想找个借口跟我套近乎罢了。你上次来巴黎的时候也已经亲眼见识到了，不是吗？自从莫奈的那次画展大获成功之后，就不停地有画家来找我，每个都想请我为他们复制一场火爆的展览……"提奥摇了摇头，"但哪有那么容易，世界上毕竟只有一个莫奈。"

　　文森特面无表情地抽着烟，眼睛看着提奥，却又似乎没在看他，仿佛两人之间隔着一层淋过雨的玻璃窗。

　　"提奥，在你心里……从没觉得我画得好过，是吗？"

　　提奥一时语塞，不知道该如何回答。但就是这短短几秒的停顿，文森特便已经得到了答案。

　　这时，乔安娜坐到提奥的身旁，对文森特说："我觉得加歇医生的女儿对你有意思。"说着朝花园望去。

　　这时玛格丽特正在花园里陪着小文森特玩耍，时不时地朝他们这边偷看。乔安娜看了看兄弟俩，很快就感觉到两人之间古怪的气氛。

"怎么了？"她问提奥，"你是不是又说了什么蠢话？"

提奥没有搭理乔安娜，而是对着文森特说："不必在意我的看法，你已经找到了自己的路子。"

"我不在乎全世界怎么看我。"文森特说，"我只在乎你的看法。"

"够了，文森特……我现在不想聊这个话题。"提奥揉着双眼。

"就这一次！我想听听你心里究竟是怎么想的。"

乔安娜伸手握住提奥的手臂，她感觉到自己的丈夫正在爆发的边缘，可惜为时已晚。

"没错！我不喜欢你的画风！一点都不！"

"提奥，别……"

他甩开妻子的手，对文森特吼道："你永远有一肚子委屈，永远有一肚子牢骚需要发泄，那我呢？我的牢骚跟谁发泄？我是你弟弟，文森特！我不是父亲！你究竟什么时候才能成熟起来？"

整个加歇公馆一片寂静，只有小文森特的欢笑声回荡在花园中。

提奥起身离开，用只有自己能听见的声音说了句："抱歉。"

文森特坐在原处，没有惶恐、没有愤怒，也没有不知所措……三十几年的兄弟，一个眼神就知道对方心里想的是什么。

"千万别往心里去，文森特。"乔安娜起身按住文森特的手说，"他最近工作压力很大，这绝对不是他的本意……唉！"

文森特拍了拍弟媳的手背，微笑着说："我没事，快去看看他吧。"

三十几年的兄弟，一个眼神就知道对方心里在想什么……文森特知道，这并不是什么工作压力导致的偶然爆发，而是多年的积怨的发泄。他为提奥感到高兴，能发泄出来总比憋着好。也为自己感到高兴，除了被提奥吼几句，他实在想不出还能为弟弟做什么了。

他早就知道提奥不喜欢自己的画，很早就知道。从小到大，他从不反驳提奥，即使心存怀疑，也依然会站在他的身边，陪他撞得头破血流。

但只有画画这件事，他知道自己是对的。

这是他唯一的坚持。

……

几天后，他坐在一大片麦田中央。

一只手握着烟斗，另一只手握着左轮手枪。

"我们来做个了断吧？"

《男子头像》（*Head of a man*），1887

亲爱的朋友：

　　谢谢你的来信，还有随信寄来的钱。

　　我最大的希望是不要成为你的负担——今后这个目标并非全无可能实现，因为我的绘画水平将大幅提高，而你也能胸有成竹地向顾客展示我的作品，不用委屈自己为我说情。

你永远的

文森特

31

向日葵

提奥回到拉乌旅馆时，文森特已经醒了，正倚着墙坐在床上，手中的烟斗缓缓地冒着青烟。

窗外一片漆黑，小屋里的煤油灯，此刻或许是整个奥威尔唯一的光源。

提奥呆呆地站在房门口，与床上的文森特四目相交。屋子里安静得能听见烟草燃烧的声音。

"没想到吧？"文森特嬉皮笑脸地说，"我居然活过来了。"

提奥笑了，他拖过屋子里唯一的一把椅子，坐在文森特的对面。

"我的命硬着呢，老弟。"文森特干笑了几声，紧接着咳了几下。

提奥掏出手帕擦掉额头上的汗珠，叠好，塞回上衣口袋。

他是从加歇医生家里一路跑着过来的。

"怎么去了那么久？"文森特叼着烟斗问，"和那老狐狸都聊了些什么？"

"我问他，那枪是不是他开的。"

"啥？"文森特被呛得直咳嗽，"老弟……你……侦探小说看多了吧？"

"他也是这么说的。"

"正常人都会这么说吧。"文森特揉了揉眼角，"虽然那老狐狸算不上正常人，但是，让他杀人？"

"我确实很愚蠢。"提奥说，"不过，我现在知道谁才是罪魁祸首了。"

"谁？"

"我。"

文森特愣了愣，本想调侃几句的，但最终没说出口。提奥忧伤的眼神告诉他，他不是在开玩笑。

"你哪来的这种念头？"

"从加歇医生家出来后，我一路都在想这个问题。我从来没有站在你的角度考虑过问题。"

"别这么说，你一直都在为我着想……"

"不……我从来没想过，你最害怕的是什么。你并不害怕贫穷，也不害怕孤独，更不害怕失败；你最怕的，是成为我的负担。"

提奥的话仿佛打开了文森特的泪腺开关，他转动着眼珠，不让眼泪从眼眶里跑出来。他清楚地知道，绝不能把最后一点力气用在哭鼻子这种毫无意义的事情上。

"你知道我为什么要画向日葵吗？"

"为什么？"

"蜀葵属于斯科特，睡莲属于莫奈，而向日葵……属于文森特·梵高。"文森特像在自言自语，"那都是因为你，知道吗老弟？"

"我？"

"还记得在津德尔特的日子吗？"文森特望向窗外，"我走到哪儿你都跟着，简直就是个小跟屁虫。印象中，我们和邻居家的兄弟完全不一样，我们几乎从不吵架。我几乎每天晚上祷告时，都会感谢上帝赐予我这么一个弟弟。"

他的眼珠向上翻了翻，眨了眨眼睛，把眼泪锁在眼眶里。

"我和父母的关系向来不好，我一直都是那个叛逆的坏小子。幸亏有你在，你总能给所有人带来欢乐。人人都爱你，提奥，你就是所有人心目中的向日葵。"

若非文森特提起，提奥早就忘了，"向日葵"是他童年时的绰号，全家人都这么称呼他。

"总有一天，全法国，甚至全欧洲的人都会看到我的向日葵，而他们看到的其实是你啊。这是我们兄弟俩之间的暗号。"

提奥掏出手帕，在眼睛上按了按，同时吸了吸鼻子。

男人的眼泪就和他们的性高潮一样，一瞬间就过去了。

文森特看着提奥将手帕叠好，重新塞回上衣口袋后，他说："提奥，如果你想站在我的角度思考，千万别因为我而责怪自己，好吗？"

提奥长长地呼了一口气，他点了点头，看了文森特一眼，什么都没说。

多年的兄弟情谊，往往一个眼神就知道对方心里在想什么。

"提奥，我知道你心里有许多疑问。"文森特的语气异乎寻常地平静，"现在，我就一五一十地告诉你。这件事听起来有些匪夷所思，但请你一定要相信我，我绝不会骗你。"

《向日葵》(*Sunflowers*), 1887

亲爱的提奥：

　　男人和女人可以合二为一，也就是说，他们能成为一个整体，而不是分开的两半。我对这一点笃信不疑。

　　……

文森特

32

杏　花

　　文森特坐在床上，吐出一缕长长的烟，烟在煤油灯的光晕下翻滚。看样子，他想把这辈子的烟都在今晚抽完。

　　"事情要从我在巴黎的那段时间说起，我在那儿认识了一个女孩，她叫盖布里埃尔，人们都叫她盖比。"

　　提奥看了看墙角的那幅画，什么都没说。

　　"但我一直都没告诉你，因为我不希望你觉得我不务正业。"文森特笑了笑，"说起来可笑，自从父亲走了以后，你就在我生命中扮演着父亲的角色，我总想在你面前证明自己。"

　　他又拿起烟斗连续抽了几口，不断有烟从他嘴角两边冒出来。

　　"我逐渐爱上了那个女孩，但自己却不知道。有的时候，人就是这样，总要等到失去的时候才会意识到已经爱上了另一个人。"文森特叹了口气，"是的，几个月后，她突然消失了，我四处打听才知道她去了阿尔勒。请你原谅，我当时骗了你，我说去阿尔勒是为了追逐南部的阳光，其实是为了去找她——找盖比。

"但我不是有意要骗你的，因为那时候连我自己都没有意识到，这才是真正驱使我前往阿尔勒的原因。

"后来，在高更到达阿尔勒的那一天，我又遇见了她。那时候她已改名为瑞秋。"

"瑞秋？"提奥睁大了眼睛，"就是那个……瑞秋？"他看了看文森特左耳的疤痕。

文森特笑了笑，接着说道："圣诞夜前一天的晚上，就是我第一次发病的那晚。我从没告诉过你事情的起因，其实就是因为嫉妒……我以为，她要和高更私奔。"

"以为？"

"是的，我听见高更和她窃窃私语，他们打算背着我悄悄离开阿尔勒——私奔，是的，我当时是这么觉得的。"

"我不懂，可高更是一个人回的巴黎啊。"

"听我说，提奥……当天晚上我割下了自己的耳朵。因为……我无法忍受整个晚上都听到他俩在我耳边窃窃私语，无论我如何堵住耳朵，声音依旧非常清晰。"

"你是说，割耳是因为幻听？"

"可以这么说。"

“好吧。”提奥若有所思地点了点头，“你继续。”

“接下来，我住在阿尔勒医院的时候，盖比来看我。我很高兴她最终决定不和高更私奔。她告诉我，那天晚上我去找了她，还把自己的耳朵给她作为定情信物，还向她求了婚。”

这件事提奥大概听说过，是邮差鲁林写信告诉他的。不过那个妓女后来又去找过文森特，这事他却是头一回听说。

“我当时对这些事一点印象都没有，你知道吗？她说什么就是什么了。”

“她说了什么？”提奥问。

“她说她那天晚上已经答应了我的求婚，说是以未婚妻的身份来医院看我的。”

提奥又看了一眼墙角的白衣少女，没想到，这居然是自己未来的嫂子。

“后来呢？”他问。

“后来……”文森特说，“后来，我发现只有我能看见她。”

“什么？”

“是的，我猜，她是我幻想出来的。”

文森特看起来早已接受了这个现实，而提奥则需要时间消化。

“阿尔勒的雷医生，你记得吧？那个年轻小伙，我的主治医师。他告诉我，除了鲁林夫人，根本就没有任何女性来看过我。同病房的病友们也告诉我，我会自言自语，对着病床旁的那把空椅子说话。但其实我是在同她说话，你懂吗？"

提奥看起来依然无法消化。文森特并不打算等他，而是继续说道："我当时也和你现在是一样的表情，一模一样，太多事情不合逻辑了，为什么有时候能看见她，有时候又不能？头脑正混乱的时候，她又出现了。那次差点把我的尿都吓出来了。"他指着提奥说，"她就坐在你这个位置，就这么近，就坐在床边，对着我微笑。"

"我不停地告诉自己她是幻觉，她是幻觉……"他紧紧闭着眼睛，在空中甩了甩烟斗，像是在驱赶什么，"至少在我厘清思路之前，别来烦我……然后我睁开眼……她还在那儿。"

他盯着提奥，目光呆滞。

"然后，我发现了一个奇怪的现象。"他用令人毛骨悚然的声音说，"要让她离开的唯一方法，就是伤害我自己。"

"伤害……自己？"

"是的。我吃颜料、松节油、煤灰……只要我伤害自己，她就会消失不见。接着，我就能过几天太平日子。"

"我的天……这些你怎么从没跟我提过？加歇医生知道吗？"

"听我说，提奥，听我说……我逐渐发现，我和她是一体的，只要我伤害自己，她就会消失，当我身体恢复后，她就又会回来。就这样周而复始的……而我唯一能逃离的方法，就是画画。我拼了命地画，只有在画画的时候，她不会出现，我也不用伤害自己。"

"那段时候你确实很高产。"

"何止高产？那是我的黄金时期。高更回巴黎后，去了次唐吉老爹的店铺，看到我这个时期的作品，写信给我说他从没见过那么棒的作品，想要同我交换，几乎是在用央求的口气。"

提奥没有接话，他实在不知道说什么。此刻聊这个话题，让他觉得有些无地自容。

而文森特并没有注意到他面部表情的变化，他正沉浸在自己的故事中。

"我逐渐发现，每当她出现，我就能画出让自己满意的作品，那些画是我头脑清醒时怎么都画不出来的。于是，我便开始尝试与她共存。"

"共存？"

"不知你记不记得？是我自己主动提出去圣雷米精神病院的。"

"对，你想治好自己的病，不是吗？"

"对不起，我又骗了你。"文森特抿了抿嘴唇，眼睛眯成一条缝，"要学会和自己的幻觉共存，我想精神病院应该是最佳去处了。"

"然后呢？"

提奥已经不知该说些什么了，其实他早就已经不知道该说什么了，自从文森特说出"幻觉"这个词后，他就一直在被牵着鼻子跑。

"精神病院头一回让我找到了一种合群的感觉。"文森特自嘲地笑了笑，"真特么讽刺！那会儿我才意识到，怪不得没有一所学校能留得住我，原来我应该去的地方是精神病院。真特么讽刺！"

文森特像个孩子一样笑了起来，提奥仿佛看见了儿时的兄长。

"我隔壁就有个和我一样会产生幻觉的人，对门还有一个因为幻听割了耳朵的。你懂那种感觉吗？简直就像找到了失散多年的兄弟一样。虽然……我很同情他们的遭遇，但是，嘿！见到他们的那天，我真的忍不住笑了出来。他们完全跟我的情况一模一样。提奥，你没见过那些病人，可能不知道，他们不发病时和正常人没什么两样，但发起病来却什么事都做得出，跟我一模一样。"

"那后来为什么又要离开呢？"提奥问。

"因为我已经知道如何跟她相处了。"

"你说谁？噢！盖比？"提奥皱了皱眉，"我还是搞不懂，你是怎么知道她是幻觉的？你问她了吗？"

"你是说，问一个幻觉是不是幻觉？"文森特想了想，摇了摇头，"不，我没问过她，我想她不会承认的。"

提奥点了点头，也觉得自己这话问得有点愚蠢。

"那你是怎么和她'共存'的？"

"怎么说呢，其实很简单，有人的时候维持正常状态……没人的时候，她至少还是个伴儿……"他说到这里嘴角微微扬了一下，看起来很幸福。

"你一直……一直在假装正常？"

"演得不错，不是吗？至少骗过了我的主治医师，就连加歇那老狐狸也没看出来，不是吗？"

一番得意的吞云吐雾之后，他的表情又忧郁了起来。

"离开圣雷米之后，我从不在别人面前展现不正常的那一面，就连你也没告诉。希望你能理解，我这是在保护自己，还有……灵感。"

提奥点了点头："没想到加歇医生也被骗了。"

"当你知道自己不正常是什么样时，假装正常就不是一件很难的事情。加歇不是什么坏人，但他比我还疯，还想用疯病来包装我。"

"你是怎么知道的？"

"我又不是傻子。他那个小本子一看就是用来为小说做的笔记。但他确实没什么坏心眼，说到底也是想帮我。"

文森特说到这里停了停，他看起来有点累，于是深深地吸了口气，好让自己保持清醒。

"'艺术是人类与神交流的方式'，这句话是米开朗琪罗说的？好像是。我年轻时不懂这话是什么意思，但后来懂了……当我开始接受她的存在，灵感便源源不断地喷涌出来。"他挺直了身板，神采飞扬地说，"我就是在和神交流，缪斯，我亲眼看见了灵感女神！"接下来是一阵鸦雀无声，仿佛交响乐演奏到最高潮的部分忽然一个急刹车……

"可是……神和人之间的距离，是永远不可调和的，与神交流的人，只会被当成疯子看待，不是吗？"

"或许吧……"

"我不想与神交流了，我只想做个普通人，提奥……我不想做个疯子，只想做个普通人……"说到这里，他已泪流满面，泪水肆意地顺着脸颊流下，滴在床单上、衬衫上。

"几天前，我决定为她画一幅画，这是我第一次把她搬到画布上，也是最后一次。"他说完张大嘴，不停地喘着粗气。

"在那片麦田，我举着左轮手枪瞄准时，她的表情，我这辈子都忘不了。她不停地问我，为什么？为什么？为什么……

"我想做个正常人，唯一的方法，我能想到的唯一的方法，就是杀了她。

"枪声响起的那一瞬间，她依旧泪流满面地看着我，问我爱不爱她。

"我和她已经成为一体了，枪声响起，一群乌鸦从头顶飞过，我抬头看了一眼，就只看了一眼，她就不见了。我看到一片杏花飘散，白色的、粉色的杏花花瓣，就跟我为小文森特画的那幅画一模一样。杏花的香味，夹杂着一股血腥味——我和她已经融为一体了，我开枪射向她，中枪的却是我自己……真是可笑。"

文森特逐渐闭上了双眼，面带微笑，表情看起来很舒服。

"文森特·梵高……这会成为一个悲伤的名字，变成永恒……

"我有点累了，提奥，我想睡一会儿……

"一切都会好起来的……相信我。"

……

这是文森特对提奥说的最后一句话。

他再也没有醒过来。

提奥在屋子里呆呆地坐到天亮。

当清晨第一缕阳光顺着窗户照进屋内，他抬起头，看见墙角的蜘蛛网上挂着一只灰褐色的长腿蜘蛛。

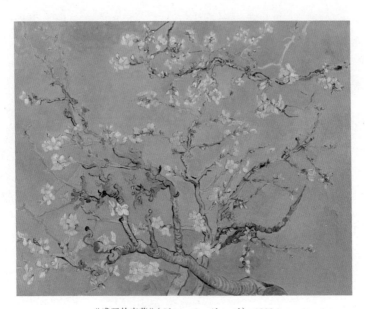

《盛开的杏花》(*Blossoming Almond*)，1890

尾　声

文森特的葬礼在一个阴天举行。人们似乎总喜欢把葬礼定在阴天。

他的朋友们从各地赶来送他最后一程，提奥走在送葬队伍的最前面；鲁林哭成了个泪人；伯纳德和博赫在队伍的末尾。

"我从没见过提奥先生这么憔悴。"伯纳德对博赫说。

"他们两兄弟的感情一向很好。"

"提奥先生看起来很自责。"

"他觉得文森特的死完全是他的责任。"

"可文森特先生不是有精神问题吗？"

"是啊，但提奥觉得，是他一直没把文森特的画卖掉造成的。"

"唉……我曾经在巴黎同提奥先生谈过这个问题。"伯纳德一脸惋惜，"提奥先生其实有他自己的打算……唉……现在说什么都晚了。"

"可不是嘛。"

博赫忽然想起了什么，抬头向队伍前面张望："保罗·高更怎么没来？"

"他？"伯纳德一脸不屑，"他打算搬去大溪地生活，这会儿应该在哥本哈根和老婆孩子道别呢。"

"他有孩子？"

"五个！"伯纳德摇了摇头，"我猜他就算在附近，也不会来参加葬礼的。"

"或许吧。"博赫耸了耸肩，"大溪地？为什么跑那儿去？"

伯纳德笑了笑："他一辈子都在寻找前所未见的题材，可惜，在巴黎、布列塔尼、阿尔勒……都没有找到那'独一无二'的题材。"

"唉……这或许就是一个画家的宿命吧。"

"或许是吧……其实对他刺激最大的，是文森特。他怎么都没想到，文森特居然先于他找到了自己的画风。"伯纳德叹了口气，继续说道，"高更曾说过一句话：现在人们提到文森特，都只知道他是提奥的哥哥，可是在不久的将来，全世界都会知道文森特·梵高这个名字，而那时，提奥则会成为文森特·梵高的弟弟而存在于世。"

"呵呵……"博赫笑道，"这确实像保罗·高更会说的话。"

两人继续跟着送葬队伍走了一会儿，石子路面踩上去发出沙沙的响声。

"洛特雷克好像也没来？"

"嗯。"伯纳德点了点头，"自从那个盖比死后，他几乎就没出过门。"

"盖比是谁？"

"你不知道吗？她是巴黎著名的交际花，死的时候才26岁。"

"真可怜，她怎么死的？"

"她的尸体是在塞纳河里被发现的，遍体鳞伤。据说，肚子里还怀着一个孩子……对了，就在文森特离开巴黎后不久，是当时巴黎的大新闻呢。"

"啧啧啧，哪个畜生干的？"

"凶手还没抓到，警方怀疑可能是自杀。不过，洛特雷克悬赏1万法郎，给提供线索的人。"

"她是洛特雷克的女朋友吗？"

"不是。"伯纳德摇摇头，"至少他说不是。不过，看得出他很喜欢她。"

"唉……真是惨。"

"确实，他最近总说一句话：'往往要到失去后，才知道可贵。'"

亲爱的朋友高更：

我被独自留在"黄房子"里——或许我的责任就是坚持到最后再走。

鲁兰接到了去马赛的调令，刚刚离开这里。他被调走后，就意味着同家人分离。你和我曾在某天的傍晚给他取了个绰号："路人"。现在，目睹了这分离的一幕，还有其他令人伤心的场面之后，我的心情也跌入了谷底。

我现在非常自责，或许正是我导致了你的离开——不过，如果你早就计划好了要离开的话，那就另当别论了。

无论如何，我希望我们依然能做朋友。要知道，对我们这些穷困潦倒的画家来说，金钱方面的问题永远存在，所以合住房子、共同创作这种方式会是我们最终必然的选择。你曾经提出过想得到我的一幅油画——黄色背景上的向日葵。我觉得你的选择并不差——如果睡莲属于莫奈，蜀葵属于斯科特，那向日葵当然就应该是我的标志。

我对你选择这幅画的眼光表示赞赏，所以我将努力再创作一幅一模一样的向日葵给你。

亲爱的朋友，通过努力，油画是可以达到瓦格纳用音乐所表达的效果的，是可以抚慰受伤心灵的！世上依然有你我这样少数人可以感受到油画的力量！！！

我弟弟告诉我，你同我一样是个可怜人，这恰恰证明了他有多么了解我们。

你的东西我会寄给你，我可以给你平静地写信，但打包你留下的东西确实是我现在力所不能及的事，再过几天我会鼓起勇气试试。

我的精神病或神经热病发病的时候，或者说，我发疯的时候——我不知道该怎么描述这种状态——我的思想就像是在大洋上漂来荡去，甚至梦到了女人唱着古老的摇篮曲让水手入睡。

　　如果你能早日回信，我会欣喜万分的。

　　相信我，关于南方的想象会让人成为朋友，而我们俩将永远是朋友。

　　在想象中同你真诚地握手。

你永远的

文森特

1889.1.22

后　语

写完以后

　　出现在这个位置的文字，一般来说都是作者对整本书创作过程的忆苦思甜——大概除此之外，也实在想不出还能写点别的什么了吧。

　　这本书我写了 2 年半，也可能是 3 年。主要是因为我自己也吃不准，一本书的创作时间究竟该怎么计算。拍电影还有"开机"和"杀青"两个时间点能拿来做做减法，但写书这件事究竟要怎么算？这个问题其实一点也不重要，除了作者，估计也没人会在意这种问题吧。所以我便以"我想写本小说"这个想法作为起点，一直到它被放上书店的书架作为终点，这么算起来，居然用了 1000 多天。

　　听上去好像是一个特别漫长的过程。1000 多天，唐朝人都能盖一座宫殿了，而且这么计算的风险也不小，因为一定有人会说："花了那么长时间，才写出这么个东西？！"

　　我对此的辩护是：其实也并不是每天都在写。

创作这本小说的过程，对我来说就有点像是禅宗的"顿悟"。刚开始就像前列腺炎，一天到晚憋着，不知道要怎么"放出来"。忽然有一天，我发现一个事实——我好像根本就不会写小说。

是的，这是我的第一本小说。我并没有在"前言"里指出这点，就是不希望别人在书店刚翻开这本书时，就立马将它放回原处，并在心里嘟囔："等你出到第三本的时候再看看吧。"

在尝试写小说之前，我一直以为"瞎编就是写小说"。显然这是个很幼稚的想法，就像你碰巧将废纸投入垃圾桶时，身旁的朋友建议你可以去打 NBA 一样幼稚。你可能跳得比一般人高，一口气能拍 100 多下皮球，将废纸投进垃圾桶也几乎是百发百中，但即使这样，你依然离 NBA 有很长的一段距离……事实上，或许连社区老年篮球队的水准都够不上。

所以，这 1000 多天与其说是创作过程，倒不如说是一个学习过程。

在干一件事情之前，你总得先学会它吧。

这似乎是人类从智人部落发展到文明社会之后就已经形成的共识。于是，父母教我们如何吃饭上厕所；第一天上学时校长告诉我们，其实我们是来这里学做人的；在发生性关系之前，我们还要先接受生理卫生辅导……到后来的瑜伽课、茶道课以及如何给人上课的课……总之，除了宪法禁止的那些行为，一切社会上用得着的技能几乎都能找到相应的"培训课程"。

按照正常的逻辑，我应该先去报一个小说写作培训班，然后再开始写。但我的问题又有些特殊——因为在此之前，我已经出过好几本书了。现在再让我去写作培训班，面子上实在有点挂不住。这跟三线歌手在歌唱比赛里"找导师"还不是一回事，人家那是一种"怀才不遇"的表现，即使没找到"伯乐"，好歹还能在银幕上曝个光。而我去报名参加小说培训班，则等于是在承认自己不会写小说（虽然这是事实）。

好在现在的资讯比较发达，想学的知识总能通过各种渠道获得。

于是，我去网上买了各种"大师写作课程"。有尼尔·盖曼的，有乔伊斯·卡罗尔·欧茨的……除此之外，还买了一堆有关"写作心得"的书，有史蒂芬·金的，有村上春树的……

我从尼尔·盖曼那里学到：将两个完全没有联系的事物放在一起，再加上自己的联想，就会形成冲突。

乔伊斯·卡罗尔·欧茨说，要写自己能写完的东西，如果一本书写了好几年都没写完，你的生命中将总是乌云密布。嗯？

史蒂芬·金说，不要用被动句和副词，还要每天坚持写 2000 字。

村上春树……好像没说什么。哦，对了，他说小说家的圈子都很好，不会像其他圈子那样排挤新人。

……

这些东西有没有用？

当然有用，而且句句在理（村上春树那个，还有待验证）。

但这些并不算是我学到的，充其量只能算是记住了。就好像在玩格斗游戏前，照着出招表练了许多大招，真的打起来却又瞎了。

写小说毕竟不是在用电饭煲煮饭——选好所有选项，按"开始"就行了。即使你觉得自己已经具备了所有该具备的写作技能，但依旧不足以写出一本书来。

那要怎么办呢？

一个街头篮球选手，或许会因为看过迈克尔·乔丹的比赛而立志加入 NBA，但最终让他真的完成梦想的，不可能是几段乔丹的教学视频，而一定是刻苦的训练和克制的生活。

你终究还是要做自己。

最后我领悟到：

你不可能在写完一本小说之前学会写小说。

……

从 2018 年动笔写这本书，一直到 2020 年最终完成，其间经历了各种改版和推翻重来——我曾尝试过用梵高的第一人称视角，用写日记的方式来讲故事，又试图扮演梵高身边的某个角色，从旁观者的角度写，甚至还试过将梵高塑造成一个现代"自媒体从业者"（完全是因为我比较熟悉这个领域），这些稿子最后都被扔在了垃圾桶……直到最后，又重新捡起第一稿往下写。

　　我相信即使是文学大师，在写第一本小说的时候，也一定经历过这种自我怀疑、自我否定的纠结过程。

　　现在，我不知道自己算不算是会写小说了，但至少清楚地知道，写完一本书是一种什么样的体验（虽然我以前也写完过，但之前的书都是许多短篇的合集，而这次，则是第一次将一个 10 多万字的故事讲完，两者的体验是完全不同的）。

　　话说回来，之所以能写完，还得"感谢" 2020 年的全球大疫情。

　　这是一场足以载入史册的世界性大疫情，我在写这篇后语的时候，依然没有得到彻底有效的控制。这场疫情已经夺去了无数人的性命，拆散了许多原本幸福美满的家庭。就现在来看，我虽身处其中，但也算是十分幸运的了——不光家庭成员并没有受到病毒的侵害，在疫情将我们全家"关禁闭"期间，我甚至还完成了自己的第一本小说。这虽然不是什么值得炫耀的"里程碑",但至少除了成天待在家里增加的那几斤肥肉外,我确实也还"做了点事"。

到头来,我唯一学会的"大师技能",只有史蒂芬·金的"每天坚持写2000字"。

最后,感谢你看完本书的最后2000字,更感谢你愿意花钱买我的第一本小说。(通常来说,连后语都能看完的,一般都是已经花了钱的读者吧?)

我想,这本小说在任何评价体系中,或许都算不上完美,然而它对我来说却尤为重要。就像第一次谈恋爱一样——青涩、稚嫩,却一生难忘。